I0197080

# TAILANDÉS
## VOCABULARIO

# ESPAÑOL-
# TAILANDÉS

Las palabras más útiles
Para expandir su vocabulario y refinar
sus habilidades lingüísticas

## 5000 palabras

# Vocabulario Español-Tailandés - 5000 palabras más usadas
por Andrey Taranov

Los vocabularios de T&P Books buscan ayudar en el aprendizaje, la memorización y la revisión de palabras de idiomas extranjeros. El diccionario se divide por temas, cubriendo toda la esfera de las actividades cotidianas, de negocios, ciencias, cultura, etc.

El proceso de aprendizaje de palabras utilizando los diccionarios temáticos de T&P Books le proporcionará a usted las siguientes ventajas:

- La información del idioma secundario está organizada claramente y predetermina el éxito para las etapas subsiguientes en la memorización de palabras.
- Las palabras derivadas de la misma raíz se agrupan, lo cual permite la memorización de grupos de palabras en vez de palabras aisladas.
- Las unidades pequeñas de palabras facilitan el proceso de reconocimiento de enlaces de asociación que se necesitan para la cohesión del vocabulario.
- De este modo, se puede estimar el número de palabras aprendidas y así también el nivel de conocimiento del idioma.

T&P Books Publishing
www.tpbooks.com

ISBN: 978-1-78767-242-0

Este libro está disponible en formato electrónico o de E-Book también.
Visite www.tpbooks.com o las librerías electrónicas más destacadas en la Red.

# VOCABULARIO TAILANDÉS
## palabras más usadas

Los vocabularios de T&P Books buscan ayudar al aprendiz a aprender, memorizar y repasar palabras de idiomas extranjeros. Los vocabularios contienen más de 5000 palabras comúnmente usadas y organizadas de manera temática.

- El vocabulario contiene las palabras corrientes más usadas.
- Se recomienda como ayuda adicional a cualquier curso de idiomas.
- Capta las necesidades de aprendices de nivel principiante y avanzado.
- Es conveniente para uso cotidiano, prácticas de revisión y actividades de auto-evaluación.
- Facilita la evaluación del vocabulario.

### Aspectos claves del vocabulario

- Las palabras se organizan según el significado, no según el orden alfabético.
- Las palabras se presentan en tres columnas para facilitar los procesos de repaso y auto-evaluación.
- Los grupos de palabras se dividen en pequeñas secciones para facilitar el proceso de aprendizaje.
- El vocabulario ofrece una transcripción sencilla y conveniente de cada palabra extranjera.

### El vocabulario contiene 155 temas que incluyen lo siguiente:

Conceptos básicos, números, colores, meses, estaciones, unidades de medidas, ropa y accesorios, comida y nutrición, restaurantes, familia nuclear, familia extendida, características de personalidad, sentimientos, emociones, enfermedades, la ciudad y el pueblo, exploración del paisaje, compras, finanzas, la casa, el hogar, la oficina, el trabajo en oficina, importación y exportación, promociones, búsqueda de trabajo, deportes, educación, computación, la red, herramientas, la naturaleza, los países, las nacionalidades y más ...

# TABLA DE CONTENIDO

# GUÍA DE PRONUNCIACIÓN

| T&P alfabeto fonético | Ejemplo tailandés | Ejemplo español |
|---|---|---|

## Las vocales

| | | |
|---|---|---|
| [a] | ห้า [hâ:] – hâa | radio |
| [e] | เป็นลม [pen lom] – bpen lom | verano |
| [i] | วินัย [wi? naj] – wí–nai | ilegal |
| [o] | โกน [ko:n] – gohn | bordado |
| [u] | ขุนเคือง [kʰùn kʰɯ:aŋ] – khùn kheuang | mundo |
| [aa] | ราคา [ra: kʰa:] – raa–khaa | contraataque |
| [oo] | ภูมิใจ [pʰu:m tɕaj] – phoom jai | jugador |
| [ee] | บัญชี [ban tɕʰi:] – ban–chee | destino |
| [eu] | เดือน [dɯ:an] – deuan | Largo sonido [ə] |
| [er] | เงิน [ŋɤn] – ngern | Vocal semicerrada posterior no redondeada |
| [ae] | แปล [plɛ:] – bplae | cuarenta |
| [ay] | เลข [lê:k] – lâyk | sexto |
| [ai] | ไปป์ [paj] – bpai | paisaje |
| [oi] | โพย [pʰo:j] – phoi | boina |
| [ya] | สัญญา [sǎn ja:] – sǎn–yaa | araña |
| [oie] | อบเชย [ʔòp tɕʰɤ:j] – òp–choie | Combinación [ə:i] |
| [ieo] | หน้าเชียว [nâ: si:aw] – nâa sieow | ecología |

## Consonantes iniciales

| | | |
|---|---|---|
| [b] | บาง [ba:ŋ] – baang | en barco |
| [d] | สีแดง [sǐ: dɛ:ŋ] – sěe daeng | desierto |
| [f] | มันฝรั่ง [man fà ràŋ] – man fà–ràng | golf |
| [h] | เฮลซิงกิ [he:n siŋ kì?] – hayn–sing–gì | registro |
| [y] | ยี่สิบ [jî: sìp] – yêe sìp | asiento |
| [g] | กรง [kroŋ] – grorng | jugada |
| [kh] | เลขา [le: kʰǎ:] – lay–khǎa | [k] aspirada |
| [l] | เล็ก [lék] – lék | lira |
| [m] | เมลอน [me: lɔ:n] – may–lorn | nombre |
| [n] | หนัง [nǎŋ] – nǎng | número |
| [ng] | เงือก [ŋɯ:ak] – ngêuak | manga |
| [bp] | เป็น [pen] – bpen | precio |
| [ph] | เผา [pʰàw] – phào | [p] aspirada |
| [r] | เบอรรี่ [bɤ: rí:] – ber–rêe | era, alfombra |
| [s] | ซอน [sôn] – sôrn | salva |
| [dt] | ดนตรี [don tri:] – don–dtree | torre |
| [j] | ปั้นจั่น [pân tɕàn] – bpân jàn | archivo |

| T&P alfabeto fonético | Ejemplo tailandés | Ejemplo español |
|---|---|---|
| [ch] | วิชา [wíʔ tɕʰaː] – wí–chaa | [tsch] aspirado |
| [th] | แถว [tʰɛːw] – thǎe | [t] aspirada |
| [w] | เคียว [kʰiːaw] – khieow | acuerdo |

## Consonantes finales

| [k] | แม่เหล็ก [mɛː lèk] – mâe lèk | charco |
|---|---|---|
| [m] | เพิ่ม [pʰɤːm] – phêrm | nombre |
| [n] | เนียน [niːan] – nian | número |
| [ng] | เป็นห่วง [pen hùːaŋ] – bpen hùang | manga |
| [p] | ไม่ขยับ [mâj kʰà ja p] – mâi khà–yàp | precio |
| [t] | ลูกเป็ด [lûːk pèt] – lôok bpèt | torre |

## Comentarios

**Tono medio - [ā]** การคูณ [gaan khon]
**Tono bajo - [à]** แจกจ่าย [jàek jàai]
**Tono descendente - [â]** แต่ม [dtâem]
**Tono alto - [á]** แซ็กโซโฟน [sáek-soh-fohn]
**Tono ascendente - [ǎ]** เนินเขา [nern khǎo]

# ABREVIATURAS
## usadas en el vocabulario

## Abreviatura en español

| | | |
|---|---|---|
| adj | - | adjetivo |
| adv | - | adverbio |
| anim. | - | animado |
| conj | - | conjunción |
| etc. | - | etcétera |
| f | - | sustantivo femenino |
| f pl | - | femenino plural |
| fam. | - | uso familiar |
| fem. | - | femenino |
| form. | - | uso formal |
| inanim. | - | inanimado |
| innum. | - | innumerable |
| m | - | sustantivo masculino |
| m pl | - | masculino plural |
| m, f | - | masculino, femenino |
| masc. | - | masculino |
| mat | - | matemáticas |
| mil. | - | militar |
| num. | - | numerable |
| p.ej. | - | por ejemplo |
| pl | - | plural |
| pron | - | pronombre |
| sg | - | singular |
| v aux | - | verbo auxiliar |
| vi | - | verbo intransitivo |
| vi, vt | - | verbo intransitivo, verbo transitivo |
| vr | - | verbo reflexivo |
| vt | - | verbo transitivo |

# CONCEPTOS BÁSICOS

## Conceptos básicos. Unidad 1

### 1. Los pronombres

| | | |
|---|---|---|
| tú | คุณ | khun |
| él | เขา | khǎo |
| ella | เธอ | ther |
| ello | มัน | man |
| | | |
| nosotros, -as | เรา | rao |
| vosotros, -as | คุณทั้งหลาย | khun tháng lǎai |
| Usted | คุณ | khun |
| Ustedes | คุณทั้งหลาย | khun tháng lǎai |
| | | |
| ellos | เขา | khǎo |
| ellas | เธอ | ther |

### 2. Saludos. Salutaciones. Despedidas

| | | |
|---|---|---|
| ¡Hola! (fam.) | สวัสดี! | sà-wàt-dee |
| ¡Hola! (form.) | สวัสดี ครับ/ค่ะ! | sà-wàt-dee khráp/khâ |
| ¡Buenos días! | อรุณสวัสดี! | a-run sà-wàt |
| ¡Buenas tardes! | สวัสดีตอนบ่าย | sà-wàt-dee dtorn-bàai |
| ¡Buenas noches! | สวัสดีตอนค่ำ | sà-wàt-dee dtorn-khâm |
| | | |
| decir hola | ทักทาย | thák thaai |
| ¡Hola! (a un amigo) | สวัสดี! | sà-wàt-dee |
| saludo (m) | คำทักทาย | kham thák thaai |
| saludar (vt) | ทักทาย | thák thaai |
| ¿Cómo estáis? | คุณสบายดีไหม? | khun sà-baai dee mǎi |
| ¿Cómo estás? | สบายดีไหม? | sà-baai dee mǎi |
| ¿Qué hay de nuevo? | มีอะไรใหม? | mee à-rai mài |
| | | |
| ¡Hasta la vista! (form.) | ลาก่อน! | laa gòrn |
| ¡Hasta la vista! (fam.) | บาย! | baai |
| ¡Hasta pronto! | พบกันใหม่ | phóp gan mài |
| ¡Adiós! (fam.) | ลาก่อน! | laa gòrn |
| ¡Adiós! (form.) | สวัสดี! | sà-wàt-dee |
| despedirse (vr) | บอกลา | bòrk laa |
| ¡Hasta luego! | ลาก่อน! | laa gòrn |
| | | |
| ¡Gracias! | ขอบคุณ! | khòrp khun |
| ¡Muchas gracias! | ขอบคุณมาก! | khòrp khun mâak |
| De nada | ยินดีชวย | yin dee chûay |
| No hay de qué | ไม่เป็นไร | mâi bpen rai |

| De nada | ไม่เป็นไร | mâi bpen rai |
| ¡Disculpa! | ขอโทษที! | khǒr thôht thee |
| ¡Disculpe! | ขอโทษ ครับ/ค่ะ! | khǒr thôht khráp / khâ |
| disculpar (vt) | ให้อภัย | hâi a-phai |

| disculparse (vr) | ขอโทษ | khǒr thôht |
| Mis disculpas | ขอโทษ | khǒr thôht |
| ¡Perdóneme! | ขอโทษ! | khǒr thôht |
| perdonar (vt) | อภัย | a-phai |
| ¡No pasa nada! | ไม่เป็นไร! | mâi bpen rai |
| por favor | โปรด | bpròht |

| ¡No se le olvide! | อย่าลืม! | yàa leum |
| ¡Ciertamente! | แน่นอน! | nâe norn |
| ¡Claro que no! | ไม่ใช่แน่! | mâi châi nâe |
| ¡De acuerdo! | โอเค! | oh-khay |
| ¡Basta! | พอแล้ว | phor láew |

## 3. Modos del trato: Como dirigirse a otras personas

| ¡Perdóneme! | ขอโทษ | khǒr thôht |
| señor | ท่าน | thâan |
| señora | คุณ | khun |
| señorita | คุณ | khun |
| joven | พ่อหนุ่ม | phôr nùm |
| niño | หนู | nǒo |
| niña | หนู | nǒo |

## 4. Números cardinales. Unidad 1

| cero | ศูนย์ | sǒon |
| uno | หนึ่ง | nèung |
| dos | สอง | sǒrng |
| tres | สาม | sǎam |
| cuatro | สี่ | sèe |

| cinco | ห้า | hâa |
| seis | หก | hòk |
| siete | เจ็ด | jèt |
| ocho | แปด | bpàet |
| nueve | เก้า | gâo |

| diez | สิบ | sìp |
| once | สิบเอ็ด | sìp èt |
| doce | สิบสอง | sìp sǒrng |
| trece | สิบสาม | sìp sǎam |
| catorce | สิบสี่ | sìp sèe |

| quince | สิบห้า | sìp hâa |
| dieciséis | สิบหก | sìp hòk |
| diecisiete | สิบเจ็ด | sìp jèt |
| dieciocho | สิบแปด | sìp bpàet |

| | | |
|---|---|---|
| diecinueve | สิบเก้า | sìp gâo |
| veinte | ยี่สิบ | yêe sìp |
| veintiuno | ยี่สิบเอ็ด | yêe sìp èt |
| veintidós | ยี่สิบสอง | yêe sìp sŏrng |
| veintitrés | ยี่สิบสาม | yêe sìp săam |
| | | |
| treinta | สามสิบ | săam sìp |
| treinta y uno | สามสิบเอ็ด | săam-sìp-èt |
| treinta y dos | สามสิบสอง | săam-sìp-sŏrng |
| treinta y tres | สามสิบสาม | săam-sìp-săam |
| | | |
| cuarenta | สี่สิบ | sèe sìp |
| cuarenta y uno | สี่สิบเอ็ด | sèe-sìp-èt |
| cuarenta y dos | สี่สิบสอง | sèe-sìp-sŏrng |
| cuarenta y tres | สี่สิบสาม | sèe-sìp-săam |
| | | |
| cincuenta | ห้าสิบ | hâa sìp |
| cincuenta y uno | หาสิบเอ็ด | hâa-sìp-èt |
| cincuenta y dos | หาสิบสอง | hâa-sìp-sŏrng |
| cincuenta y tres | หาสิบสาม | hâa-sìp-săam |
| | | |
| sesenta | หกสิบ | hòk sìp |
| sesenta y uno | หกสิบเอ็ด | hòk-sìp-èt |
| sesenta y dos | หกสิบสอง | hòk-sìp-sŏrng |
| sesenta y tres | หกสิบสาม | hòk-sìp-săam |
| | | |
| setenta | เจ็ดสิบ | jèt sìp |
| setenta y uno | เจ็ดสิบเอ็ด | jèt-sìp-èt |
| setenta y dos | เจ็ดสิบสอง | jèt-sìp-sŏrng |
| setenta y tres | เจ็ดสิบสาม | jèt-sìp-săam |
| | | |
| ochenta | แปดสิบ | bpàet sìp |
| ochenta y uno | แปดสิบเอ็ด | bpàet-sìp-èt |
| ochenta y dos | แปดสิบสอง | bpàet-sìp-sŏrng |
| ochenta y tres | แปดสิบสาม | bpàet-sìp-săam |
| | | |
| noventa | เก้าสิบ | gâo sìp |
| noventa y uno | เก้าสิบเอ็ด | gâo-sìp-èt |
| noventa y dos | เก้าสิบสอง | gâo-sìp-sŏrng |
| noventa y tres | เกาสิบสาม | gâo-sìp-săam |

## 5. Números cardinales. Unidad 2

| | | |
|---|---|---|
| cien | หนึ่งร้อย | nèung rói |
| doscientos | สองรอย | sŏrng rói |
| trescientos | สามรอย | săam rói |
| cuatrocientos | สี่รอย | sèe rói |
| quinientos | หารอย | hâa rói |
| | | |
| seiscientos | หกร้อย | hòk rói |
| setecientos | เจ็ดรอย | jèt rói |
| ochocientos | แปดรอย | bpàet rói |
| novecientos | เการอย | gâo rói |
| mil | หนึ่งพัน | nèung phan |

| | | |
|---|---|---|
| dos mil | สองพัน | sŏrng phan |
| tres mil | สามพัน | săam phan |
| diez mil | หนึ่งหมื่น | nèung mèun |
| cien mil | หนึ่งแสน | nèung săen |
| millón (m) | ล้าน | láan |
| mil millones | พันล้าน | phan láan |

## 6. Números ordinales

| | | |
|---|---|---|
| primero (adj) | แรก | râek |
| segundo (adj) | ที่สอง | thêe sŏrng |
| tercero (adj) | ที่สาม | thêe săam |
| cuarto (adj) | ที่สี่ | thêe sèe |
| quinto (adj) | ที่ห้า | thêe hâa |
| sexto (adj) | ที่หก | thêe hòk |
| séptimo (adj) | ที่เจ็ด | thêe jèt |
| octavo (adj) | ที่แปด | thêe bpàet |
| noveno (adj) | ที่เก้า | thêe gâo |
| décimo (adj) | ที่สิบ | thêe sìp |

## 7. Números. Fracciones

| | | |
|---|---|---|
| fracción (f) | เศษส่วน | sàyt sùan |
| un medio | หนึ่งส่วนสอง | nèung sùan sŏrng |
| un tercio | หนึ่งส่วนสาม | nèung sùan săam |
| un cuarto | หนึ่งส่วนสี่ | nèung sùan sèe |
| un octavo | หนึ่งส่วนแปด | nèung sùan bpàet |
| un décimo | หนึ่งส่วนสิบ | nèung sùan sìp |
| dos tercios | สองส่วนสาม | sŏrng sùan săam |
| tres cuartos | สามส่วนสี่ | săam sùan sèe |

## 8. Números. Operaciones básicas

| | | |
|---|---|---|
| sustracción (f) | การลบ | gaan lóp |
| sustraer (vt) | ลบ | lóp |
| división (f) | การหาร | gaan hăan |
| dividir (vt) | หาร | hăan |
| adición (f) | การบวก | gaan bùak |
| sumar (totalizar) | บวก | bùak |
| adicionar (vt) | เพิ่ม | phêrm |
| multiplicación (f) | การคูณ | gaan khon |
| multiplicar (vt) | คูณ | khoon |

## 9. Números. Miscelánea

| | | |
|---|---|---|
| cifra (f) | ตัวเลข | dtua lâyk |
| número (m) (~ cardinal) | เลข | lâyk |

| | | |
|---|---|---|
| numeral (m) | ตัวเลข | dtua lâyk |
| menos (m) | เครื่องหมายลบ | khrêuang măai lóp |
| más (m) | เครื่องหมายบวก | khrêuang măai bùak |
| fórmula (f) | สูตร | sòot |
| | | |
| cálculo (m) | การนับ | gaan náp |
| contar (vt) | นับ | náp |
| calcular (vt) | นับ | náp |
| comparar (vt) | เปรียบเทียบ | bprìap thîap |
| | | |
| ¿Cuánto? (innum.) | เท่าไหร่? | thâo rài |
| ¿Cuánto? (num.) | กี่...? | gèe...? |
| | | |
| suma (f) | ผลรวม | phŏn ruam |
| resultado (m) | ผลลัพธ์ | phŏn láp |
| resto (m) | ที่เหลือ | thêe lĕua |
| | | |
| algunos, algunas ... | สองสาม | sŏrng săam |
| poco (adv) | นิดหนอย | nít nòi |
| poco (num.) | นอย | nói |
| | | |
| resto (m) | ที่เหลือ | thêe lĕua |
| uno y medio | หนึ่งครึ่ง | nèung khrêung |
| docena (f) | โหล | lŏh |
| | | |
| en dos | เป็นสองส่วน | bpen sŏrng sùan |
| en partes iguales | เท่าเทียมกัน | thâo thiam gan |
| mitad (f) | ครึ่ง | khrêung |
| vez (f) | ครั้ง | khráng |

## 10. Los verbos más importantes. Unidad 1

| | | |
|---|---|---|
| abrir (vt) | เปิด | bpèrt |
| acabar, terminar (vt) | จบ | jòp |
| aconsejar (vt) | แนะนำ | náe nam |
| adivinar (vt) | คาดเดา | khâat dao |
| advertir (vt) | เตือน | dteuan |
| alabarse, jactarse (vr) | โอ้อวด | ôh ùat |
| | | |
| almorzar (vi) | ทานอาหารเที่ยง | thaan aa-hăan thîang |
| alquilar (~ una casa) | เช่า | châo |
| amenazar (vt) | ขู่ | khòo |
| arrepentirse (vr) | เสียใจ | sĭa jai |
| ayudar (vt) | ช่วย | chûay |
| bañarse (vr) | ไปว่ายน้ำ | bpai wâai náam |
| | | |
| bromear (vi) | ล้อเล่น | lór lên |
| buscar (vt) | หา | hăa |
| caer (vi) | ตก | dtòk |
| callarse (vr) | นิ่งเงียบ | nîng ngîap |
| cambiar (vt) | เปลี่ยน | bplìan |
| castigar, punir (vt) | ลงโทษ | long thôht |
| cavar (vt) | ขุด | khùt |
| cazar (vi, vt) | ล่า | lâa |

| cenar (vi) | ทานอาหารเย็น | thaan aa-hǎan yen |
| cesar (vt) | หยุด | yùt |
| coger (vt) | จับ | jàp |
| comenzar (vt) | เริ่ม | rêrm |

| comparar (vt) | เปรียบเทียบ | bprìap thîap |
| comprender (vt) | เข้าใจ | khâo jai |
| confiar (vt) | เชื่อ | chêua |
| confundir (vt) | สับสน | sàp sǒn |
| conocer (~ a alguien) | รู้จัก | róo jàk |
| contar (vt) (enumerar) | นับ | náp |

| contar con … | พึ่งพา | phêung phaa |
| continuar (vt) | ทำต่อไป | tham dtòr bpai |
| controlar (vt) | ควบคุม | khûap khum |
| correr (vi) | วิ่ง | wîng |
| costar (vt) | ราคา | raa-khaa |
| crear (vt) | สร้าง | sâang |

## 11. Los verbos más importantes. Unidad 2

| dar (vt) | ให้ | hâi |
| dar una pista | บอกใบ้ | bòrk bâi |
| decir (vt) | บอก | bòrk |
| decorar (para la fiesta) | ประดับ | bprà-dàp |

| defender (vt) | ปกป้อง | bpòk bpôrng |
| dejar caer | ทิ้งให้ตก | thíng hâi dtòk |
| desayunar (vi) | ทานอาหารเช้า | thaan aa-hǎan cháo |
| descender (vi) | ลง | long |

| dirigir (administrar) | บริหาร | bor-rí-hǎan |
| disculpar (vt) | ให้อภัย | hâi a-phai |
| disculparse (vr) | ขอโทษ | khǒr thôht |
| discutir (vt) | หารือ | hǎa-reu |
| dudar (vt) | สงสัย | sǒng-sǎi |

| encontrar (hallar) | พบ | phóp |
| engañar (vi, vt) | หลอก | lòrk |
| entrar (vi) | เข้า | khâo |
| enviar (vt) | ส่ง | sòng |

| equivocarse (vr) | ทำผิด | tham phìt |
| escoger (vt) | เลือก | lêuak |
| esconder (vt) | ซ่อน | sôrn |
| escribir (vt) | เขียน | khǐan |
| esperar (aguardar) | รอ | ror |

| esperar (tener esperanza) | หวัง | wǎng |
| estar de acuerdo | เห็นด้วย | hěn dûay |
| estudiar (vt) | เรียน | rian |

| exigir (vt) | เรียกร้อง | rîak rórng |
| existir (vi) | มีอยู่ | mee yòo |

| explicar (vt) | อธิบาย | à-thí-baai |
| faltar (a las clases) | พลาด | phlâat |
| firmar (~ el contrato) | ลงนาม | long naam |

| girar (~ a la izquierda) | เลี้ยว | líeow |
| gritar (vi) | ตะโกน | dtà-gohn |
| guardar (conservar) | รักษา | rák-săa |
| gustar (vi) | ชอบ | chôrp |
| hablar (vi, vt) | พูด | phôot |

| hacer (vt) | ทำ | tham |
| informar (vt) | แจง | jâeng |
| insistir (vi) | ยืนยัน | yeun yan |
| insultar (vt) | ดูถูก | doo thòok |

| interesarse (vr) | สนใจใน | sŏn jai nai |
| invitar (vt) | เชิญ | chern |
| ir (a pie) | ไป | bpai |
| jugar (divertirse) | เล่น | lên |

## 12. Los verbos más importantes. Unidad 3

| leer (vi, vt) | อ่าน | àan |
| liberar (ciudad, etc.) | ปลดปล่อย | bplòt bplòi |
| llamar (por ayuda) | เรียก | rîak |
| llegar (vi) | มา | maa |
| llorar (vi) | ร้องให้ | rórng hâi |

| matar (vt) | ฆ่า | khâa |
| mencionar (vt) | กล่าวถึง | glàao thĕung |
| mostrar (vt) | แสดง | sà-daeng |
| nadar (vi) | ว่ายน้ำ | wâai náam |

| negarse (vr) | ปฏิเสธ | bpà-dtì-sàyt |
| objetar (vt) | ค้าน | kháan |
| observar (vt) | สังเกตการณ์ | săng-gàyt gaan |
| oír (vt) | ได้ยิน | dâai yin |

| olvidar (vt) | ลืม | leum |
| orar (vi) | ภาวนา | phaa-wá-naa |
| ordenar (mil.) | สั่งการ | sàng gaan |
| pagar (vi, vt) | จ่าย | jàai |
| pararse (vr) | หยุด | yùt |

| participar (vi) | มีส่วนร่วม | mee sùan rûam |
| pedir (ayuda, etc.) | ขอ | khŏr |
| pedir (en restaurante) | สั่ง | sàng |
| pensar (vi, vt) | คิด | khít |

| percibir (ver) | สังเกต | săng-gàyt |
| perdonar (vt) | ให้อภัย | hâi a-phai |
| permitir (vt) | อนุญาต | a-nú-yâat |
| pertenecer a ... | เป็นของของ... | bpen khŏrng khŏrng... |
| planear (vt) | วางแผน | waang phăen |

| poder (v aux) | สามารถ | săa-mâat |
|---|---|---|
| poseer (vt) | เป็นเจ้าของ | bpen jâo khŏrng |
| preferir (vt) | ชอบ | chôrp |
| preguntar (vt) | ถาม | thăam |

| preparar (la cena) | ทำอาหาร | tham aa-hăan |
|---|---|---|
| prever (vt) | คาดหวัง | khâat wăng |
| probar, tentar (vt) | พยายาม | phá-yaa-yaam |
| prometer (vt) | สัญญา | săn-yaa |
| pronunciar (vt) | ออกเสียง | òrk sĭang |

| proponer (vt) | เสนอ | sà-nĕr |
|---|---|---|
| quebrar (vt) | แตก | dtàek |
| quejarse (vr) | บ่น | bòn |
| querer (amar) | รัก | rák |
| querer (desear) | ต้องการ | dtôrng gaan |

## 13. Los verbos más importantes. Unidad 4

| recomendar (vt) | แนะนำ | náe nam |
|---|---|---|
| regañar, reprender (vt) | ดุด่า | dù dàa |
| reírse (vr) | หัวเราะ | hŭa rór |
| repetir (vt) | ซ้ำ | sám |
| reservar (~ una mesa) | จอง | jorng |
| responder (vi, vt) | ตอบ | dtòrp |

| robar (vt) | ขโมย | khà-moi |
|---|---|---|
| saber (~ algo mas) | รู้ | róo |
| salir (vi) | ออกไป | òrk bpai |
| salvar (vt) | กู้ | gôo |
| seguir ... | ไปตาม... | bpai dtaam... |
| sentarse (vr) | นั่ง | nâng |

| ser necesario | ต้องการ | dtôrng gaan |
|---|---|---|
| ser, estar (vi) | เป็น | bpen |
| significar (vt) | หมาย | măai |
| sonreír (vi) | ยิ้ม | yím |
| sorprenderse (vr) | ประหลาดใจ | bprà-làat jai |

| subestimar (vt) | ดูถูก | doo thòok |
|---|---|---|
| tener (vt) | มี | mee |
| tener hambre | หิว | hĭw |
| tener miedo | กลัว | glua |

| tener prisa | รีบ | rêep |
|---|---|---|
| tener sed | กระหายน้ำ | grà-hăai náam |
| tirar, disparar (vi) | ยิง | ying |
| tocar (con las manos) | แตะต้อง | dtàe dtôrng |
| tomar (vt) | เอา | ao |
| tomar nota | จด | jòt |

| trabajar (vi) | ทำงาน | tham ngaan |
|---|---|---|
| traducir (vt) | แปล | bplae |
| unir (vt) | สมาน | sà-măan |

| vender (vt) | ขาย | khăai |
| ver (vt) | เห็น | hĕn |
| volar (pájaro, avión) | บิน | bin |

## 14. Los colores

| color (m) | สี | sĕe |
| matiz (m) | สีอ่อน | sĕe òrn |
| tono (m) | สีสัน | sĕe săn |
| arco (m) iris | สายรุ้ง | săai rúng |

| blanco (adj) | สีขาว | sĕe khăao |
| negro (adj) | สีดำ | sĕe dam |
| gris (adj) | สีเทา | sĕe thao |

| verde (adj) | สีเขียว | sĕe khĭeow |
| amarillo (adj) | สีเหลือง | sĕe lĕuang |
| rojo (adj) | สีแดง | sĕe daeng |

| azul (adj) | สีน้ำเงิน | sĕe nám ngern |
| azul claro (adj) | สีฟ้า | sĕe fáa |
| rosa (adj) | สีชมพู | sĕe chom-poo |
| naranja (adj) | สีส้ม | sĕe sôm |
| violeta (adj) | สีม่วง | sĕe mûang |
| marrón (adj) | สีน้ำตาล | sĕe nám dtaan |

| dorado (adj) | สีทอง | sĕe thorng |
| argentado (adj) | สีเงิน | sĕe ngern |

| beige (adj) | สีน้ำตาลอ่อน | sĕe nám dtaan òrn |
| crema (adj) | สีครีม | sĕe khreem |
| turquesa (adj) | สีเขียวแกมน้ำเงิน | sĕe khĭeow gaem náam ngern |
| rojo cereza (adj) | สีแดงเชอร์รี่ | sĕe daeng cher-rêe |
| lila (adj) | สีม่วงอ่อน | sĕe mûang-òrn |
| carmesí (adj) | สีแดงเขม | sĕe daeng khâym |

| claro (adj) | อ่อน | òrn |
| oscuro (adj) | แก | gàe |
| vivo (adj) | สด | sòt |

| de color (lápiz ~) | สี | sĕe |
| en colores (película ~) | สี | sĕe |
| blanco y negro (adj) | ขาวดำ | khăao-dam |
| unicolor (adj) | สีเดียว | sĕe dieow |
| multicolor (adj) | หลากสี | làak sĕe |

## 15. Las preguntas

| ¿Quién? | ใคร? | khrai |
| ¿Qué? | อะไร? | a-rai |
| ¿Dónde? | ที่ไหน? | thêe năi |

| ¿Adónde? | ที่ไหน? | thêe nǎi |
| ¿De dónde? | จากที่ไหน? | jàak thêe nǎi |
| ¿Cuándo? | เมื่อไหร่? | mêua rài |
| ¿Para qué? | ทำไม? | tham-mai |
| ¿Por qué? | ทำไม? | tham-mai |

| ¿Por qué razón? | เพื่ออะไร? | phêua a-rai |
| ¿Cómo? | อย่างไร? | yàang rai |
| ¿Qué ...? (~ color) | อะไร? | a-rai |
| ¿Cuál? | ไหน? | nǎi |

| ¿A quién? | สำหรับใคร? | sǎm-ràp khrai |
| ¿De quién? (~ hablan ...) | เกี่ยวกับใคร? | gìeow gàp khrai |
| ¿De qué? | เกี่ยวกับอะไร? | gìeow gàp a-rai |
| ¿Con quién? | กับใคร? | gàp khrai |

| ¿Cuánto? (innum.) | เท่าไหร่? | thâo rài |
| ¿Cuánto? (num.) | กี่...? | gèe...? |
| ¿De quién? (~ es este ...) | ของใคร? | khǒrng khrai |

## 16. Las preposiciones

| con ... (~ algn) | กับ | gàp |
| sin ... (~ azúcar) | ปราศจาก | bpràat-sà-jàak |
| a ... (p.ej. voy a México) | ไปที่ | bpai thêe |
| de ... (hablar ~) | เกี่ยวกับ | gìeow gàp |
| antes de ... | ก่อน | gòrn |
| delante de ... | หน้า | nâa |

| debajo de ... | ใต้ | dtâi |
| sobre ..., encima de ... | เหนือ | něua |
| en, sobre (~ la mesa) | บน | bon |
| de (origen) | จาก | jàak |
| de (fabricado de) | ทำใช้ | tham chái |

| dentro de ... | ใน | nai |
| encima de ... | ข้าม | khâam |

## 17. Las palabras útiles. Los adverbios. Unidad 1

| ¿Dónde? | ที่ไหน? | thêe nǎi |
| aquí (adv) | ที่นี่ | thêe nêe |
| allí (adv) | ที่นั่น | thêe nân |

| en alguna parte | ที่ใดที่หนึ่ง | thêe dai thêe nèung |
| en ninguna parte | ไม่มีที่ไหน | mâi mee thêe nǎi |

| junto a ... | ข้าง | khâang |
| junto a la ventana | ข้างหน้าต่าง | khâang nâa dtàang |

| ¿A dónde? | ที่ไหน? | thêe nǎi |
| aquí (venga ~) | ที่นี่ | thêe nêe |

| allí (vendré ~) | ที่นั่น | thêe nân |
| de aquí (adv) | จากที่นี่ | jàak thêe nêe |
| de allí (adv) | จากที่นั่น | jàak thêe nân |
| | | |
| cerca (no lejos) | ใกล้ | glâi |
| lejos (adv) | ไกล | glai |
| | | |
| cerca de ... | ใกล้ | glâi |
| al lado (de ...) | ใกล้ๆ | glâi glâi |
| no lejos (adv) | ไม่ไกล | mâi glai |
| | | |
| izquierdo (adj) | ซ้าย | sáai |
| a la izquierda (situado ~) | ข้างซ้าย | khâang sáai |
| a la izquierda (girar ~) | ซ้าย | sáai |
| | | |
| derecho (adj) | ขวา | khwăa |
| a la derecha (situado ~) | ข้างขวา | khâang kwăa |
| a la derecha (girar) | ขวา | khwăa |
| | | |
| delante (yo voy ~) | ข้างหน้า | khâang nâa |
| delantero (adj) | หน้า | nâa |
| adelante (movimiento) | หน้า | nâa |
| | | |
| detrás de ... | ข้างหลัง | khâang lăng |
| desde atrás | จากข้างหลัง | jàak khâang lăng |
| atrás (da un paso ~) | หลัง | lăng |
| | | |
| centro (m), medio (m) | กลาง | glaang |
| en medio (adv) | ตรงกลาง | dtrorng glaang |
| | | |
| de lado (adv) | ข้าง | khâang |
| en todas partes | ทุกที่ | thúk thêe |
| alrededor (adv) | รอบ | rôrp |
| | | |
| de dentro (adv) | จากข้างใน | jàak khâang nai |
| a alguna parte | ที่ไหน | thêe năi |
| todo derecho (adv) | ตรงไป | dtrorng bpai |
| atrás (muévelo para ~) | กลับ | glàp |
| | | |
| de alguna parte (adv) | จากที่ใด | jàak thêe dai |
| no se sabe de dónde | จากที่ใด | jàak thêe dai |
| | | |
| primero (adv) | ข้อที่หนึ่ง | khôr thêe nèung |
| segundo (adv) | ข้อที่สอง | khôr thêe sŏrng |
| tercero (adv) | ขอที่สาม | khôr thêe săam |
| | | |
| de súbito (adv) | ในทันที | nai than thee |
| al principio (adv) | ตอนแรก | dtorn-râek |
| por primera vez | เป็นครั้งแรก | bpen khráng râek |
| mucho tiempo antes ... | นานก่อน | naan gòrn |
| de nuevo (adv) | ใหม่ | mài |
| para siempre (adv) | ให้จบสิ้น | hâi jòp sîn |
| | | |
| jamás, nunca (adv) | ไม่เคย | mâi khoie |
| de nuevo (adv) | อีกครั้งหนึ่ง | èek khráng nèung |
| ahora (adv) | ตอนนี้ | dtorn-née |

| | | |
|---|---|---|
| frecuentemente (adv) | บ่อย | bòi |
| entonces (adv) | เวลานั้น | way-laa nán |
| urgentemente (adv) | อย่างเร่งด่วน | yàang râyng dùan |
| usualmente (adv) | มักจะ | mák jà |

| | | |
|---|---|---|
| a propósito, ... | อนึ่ง | à-nèung |
| es probable | เป็นไปได้ | bpen bpai dâai |
| probablemente (adv) | อาจจะ | àat jà |
| tal vez | อาจจะ | àat jà |
| además ... | นอกจากนั้น... | nôrk jàak nán... |
| por eso ... | นั้นเป็นเหตุผลที่... | nân bpen hàyt phǒn thêe... |
| a pesar de ... | แม้ว่า... | máe wâa... |
| gracias a ... | เนื่องจาก... | nêuang jàak... |

| | | |
|---|---|---|
| qué (pron) | อะไร | a-rai |
| que (conj) | ที่ | thêe |
| algo (~ le ha pasado) | อะไร | a-rai |
| algo (~ así) | อะไรก็ตาม | a-rai gôr dtaam |
| nada (f) | ไม่มีอะไร | mâi mee a-rai |

| | | |
|---|---|---|
| quien | ใคร | khrai |
| alguien (viene ~) | บางคน | baang khon |
| alguien (¿ha llamado ~?) | บางคน | baang khon |

| | | |
|---|---|---|
| nadie | ไม่มีใคร | mâi mee khrai |
| a ninguna parte | ไม่ไปไหน | mâi bpai nǎi |
| de nadie | ไม่เป็นของ ของใคร | mâi bpen khǒrng khǒrng khrai |
| de alguien | ของคนหนึ่ง | khǒrng khon nèung |

| | | |
|---|---|---|
| tan, tanto (adv) | มาก | mâak |
| también (~ habla francés) | ด้วย | dûay |
| también (p.ej. Yo ~) | ด้วย | dûay |

## 18. Las palabras útiles. Los adverbios. Unidad 2

| | | |
|---|---|---|
| ¿Por qué? | ทำไม? | tham-mai |
| no se sabe porqué | เพราะเหตุผลอะไร | phrór hàyt phǒn à-rai |
| porque ... | เพราะว่า... | phrór wâa |
| por cualquier razón (adv) | ด้วยจุดประสงค์อะไร | dûay jùt bprà-sǒng a-rai |

| | | |
|---|---|---|
| y (p.ej. uno y medio) | และ | láe |
| o (p.ej. té o café) | หรือ | rěu |
| pero (p.ej. me gusta, ~) | แต | dtàe |
| para (p.ej. es para ti) | สำหรับ | sǎm-ràp |

| | | |
|---|---|---|
| demasiado (adv) | เกินไป | gern bpai |
| sólo, solamente (adv) | เท่านั้น | thâo nán |
| exactamente (adv) | ตรง | dtrorng |
| unos ..., cerca de ... (~ 10 kg) | ประมาณ | bprà-maan |

| | | |
|---|---|---|
| aproximadamente | ประมาณ | bprà-maan |
| aproximado (adj) | ประมาณ | bprà-maan |

| casi (adv) | เกือบ | gèuap |
| resto (m) | ที่เหลือ | thêe lěua |

| el otro (adj) | อีก | èek |
| otro (p.ej. el otro día) | อื่น | èun |
| cada (adj) | ทุก | thúk |
| cualquier (adj) | ใดๆ | dai dai |
| mucho (innum.) | มาก | mâak |
| mucho (num.) | หลาย | lǎai |
| muchos (mucha gente) | หลายคน | lǎai khon |
| todos | ทุกๆ | thúk thúk |

| a cambio de ... | ที่จะเปลี่ยนเป็น | thêe jà bplìan bpen |
| en cambio (adv) | แทน | thaen |
| a mano (hecho ~) | ใช้มือ | chái meu |
| poco probable | แทบจะไม่ | thâep jà mâi |

| probablemente | อาจจะ | àat jà |
| a propósito (adv) | โดยเจตนา | doi jàyt-dtà-naa |
| por accidente (adv) | บังเอิญ | bang-ern |

| muy (adv) | มาก | mâak |
| por ejemplo (adv) | ยกตัวอย่าง | yók dtua yàang |
| entre (~ nosotros) | ระหว่าง | rá-wàang |
| entre (~ otras cosas) | ทามกลาง | tâam-glaang |
| tanto (~ gente) | มากมาย | mâak maai |
| especialmente (adv) | โดยเฉพาะ | doi chà-phór |

# Conceptos básicos. Unidad 2

## 19. Los días de la semana

| | | |
|---|---|---|
| lunes (m) | วันจันทร์ | wan jan |
| martes (m) | วันอังคาร | wan ang-khaan |
| miércoles (m) | วันพุธ | wan phút |
| jueves (m) | วันพฤหัสบดี | wan phá-réu-hàt-sà-bor-dee |
| viernes (m) | วันศุกร์ | wan sùk |
| sábado (m) | วันเสาร์ | wan săo |
| domingo (m) | วันอาทิตย์ | wan aa-thít |
| | | |
| hoy (adv) | วันนี้ | wan née |
| mañana (adv) | พรุ่งนี้ | phrûng-née |
| pasado mañana | วันมะรืนนี้ | wan má-reun née |
| ayer (adv) | เมื่อวานนี้ | mêua waan née |
| anteayer (adv) | เมื่อวานซืนนี้ | mêua waan-seun née |
| | | |
| día (m) | วัน | wan |
| día (m) de trabajo | วันทำงาน | wan tham ngaan |
| día (m) de fiesta | วันนักขัตฤกษ์ | wan nák-khàt-rêrk |
| día (m) de descanso | วันหยุด | wan yùt |
| fin (m) de semana | วันสุดสัปดาห์ | wan sùt sàp-daa |
| | | |
| todo el día | ทั้งวัน | tháng wan |
| al día siguiente | วันรุ่งขึ้น | wan rûng khêun |
| dos días atrás | สองวันก่อน | sŏrng wan gòrn |
| en vísperas (adv) | วันก่อนหน้านี้ | wan gòrn nâa née |
| diario (adj) | รายวัน | raai wan |
| cada día (adv) | ทุกวัน | thúk wan |
| | | |
| semana (f) | สัปดาห์ | sàp-daa |
| semana (f) pasada | สัปดาห์ก่อน | sàp-daa gòrn |
| semana (f) que viene | สัปดาห์หน้า | sàp-daa nâa |
| semanal (adj) | รายสัปดาห์ | raai sàp-daa |
| cada semana (adv) | ทุกสัปดาห์ | thúk sàp-daa |
| 2 veces por semana | สัปดาห์ละสองครั้ง | sàp-daa lá sŏrng khráng |
| todos los martes | ทุกวันอังคาร | túk wan ang-khaan |

## 20. Las horas. El día y la noche

| | | |
|---|---|---|
| mañana (f) | เช้า | cháo |
| por la mañana | ตอนเช้า | dtorn cháo |
| mediodía (m) | เที่ยงวัน | thîang wan |
| por la tarde | ตอนบาย | dtorn bàai |
| | | |
| noche (f) | เย็น | yen |
| por la noche | ตอนเย็น | dtorn yen |

| | | |
|---|---|---|
| noche (f) (p.ej. 2:00 a.m.) | คืน | kheun |
| por la noche | กลางคืน | glaang kheun |
| medianoche (f) | เที่ยงคืน | thîang kheun |
| | | |
| segundo (m) | วินาที | wí-naa-thee |
| minuto (m) | นาที | naa-thee |
| hora (f) | ชั่วโมง | chûa mohng |
| media hora (f) | ครึ่งชั่วโมง | khrêung chûa mohng |
| cuarto (m) de hora | สิบห้านาที | sìp hâa naa-thee |
| quince minutos | สิบห้านาที | sìp hâa naa-thee |
| veinticuatro horas | 24 ชั่วโมง | yêe sìp sèe · chûa mohng |
| | | |
| salida (f) del sol | พระอาทิตย์ขึ้น | phrá aa-thít khêun |
| amanecer (m) | ใกล้รุ่ง | glâi rûng |
| madrugada (f) | เช้า | cháo |
| puesta (f) del sol | พระอาทิตย์ตก | phrá aa-thít dtòk |
| | | |
| de madrugada | ตอนเช้า | dtorn cháo |
| esta mañana | เช้านี้ | cháo née |
| mañana por la mañana | พรุ่งนี้เช้า | phrûng-née cháo |
| | | |
| esta tarde | บ่ายนี้ | bàai née |
| por la tarde | ตอนบ่าย | dtorn bàai |
| mañana por la tarde | พรุ่งนี้บ่าย | phrûng-née bàai |
| | | |
| esta noche (p.ej. 8:00 p.m.) | คืนนี้ | kheun née |
| mañana por la noche | คืนพรุ่งนี้ | kheun phrûng-née |
| | | |
| a las tres en punto | 3 โมงตรง | sǎam mohng dtrorng |
| a eso de las cuatro | ประมาณ 4 โมง | bprà-maan sèe mohng |
| para las doce | ภายใน 12 โมง | phaai nai sìp sǒng mohng |
| | | |
| dentro de veinte minutos | อีก 20 นาที | èek yêe sìp naa-thee |
| dentro de una hora | อีกหนึ่งชั่วโมง | èek nèung chûa mohng |
| a tiempo (adv) | ทันเวลา | than way-laa |
| | | |
| … menos cuarto | อีกสิบห้านาที | èek sìp hâa naa-thee |
| durante una hora | ภายในหนึ่งชั่วโมง | phaai nai nèung chûa mohng |
| cada quince minutos | ทุก 15 นาที | thúk sìp hâa naa-thee |
| día y noche | ทั้งวัน | tháng wan |

## 21. Los meses. Las estaciones

| | | |
|---|---|---|
| enero (m) | มกราคม | mók-gà-raa khom |
| febrero (m) | กุมภาพันธ์ | gum-phaa phan |
| marzo (m) | มีนาคม | mee-naa khom |
| abril (m) | เมษายน | may-sǎa-yon |
| mayo (m) | พฤษภาคม | phréut-sà-phaa khom |
| junio (m) | มิถุนายน | mí-thù-naa-yon |
| | | |
| julio (m) | กรกฎาคม | gà-rá-gà-daa-khom |
| agosto (m) | สิงหาคม | sǐng hǎa khom |
| septiembre (m) | กันยายน | gan-yaa-yon |
| octubre (m) | ตุลาคม | dtù-laa khom |

| | | |
|---|---|---|
| noviembre (m) | พฤศจิกายน | phréut-sà-jì-gaa-yon |
| diciembre (m) | ธันวาคม | than-waa khom |
| | | |
| primavera (f) | ฤดูใบไม้ผลิ | réu-doo bai máai phlì |
| en primavera | ฤดูใบไม้ผลิ | réu-doo bai máai phlì |
| de primavera (adj) | ฤดูใบไมผลิ | réu-doo bai máai phlì |
| | | |
| verano (m) | ฤดูร้อน | réu-doo rórn |
| en verano | ฤดูร้อน | réu-doo rórn |
| de verano (adj) | ฤดูรอน | réu-doo rórn |
| | | |
| otoño (m) | ฤดูใบไม้ร่วง | réu-doo bai máai rûang |
| en otoño | ฤดูใบไม้รวง | réu-doo bai máai rûang |
| de otoño (adj) | ฤดูใบไมรวง | réu-doo bai máai rûang |
| | | |
| invierno (m) | ฤดูหนาว | réu-doo nǎao |
| en invierno | ฤดูหนาว | réu-doo nǎao |
| de invierno (adj) | ฤดูหนาว | réu-doo nǎao |
| | | |
| mes (m) | เดือน | deuan |
| este mes | เดือนนี้ | deuan née |
| al mes siguiente | เดือนหน้า | deuan nâa |
| el mes pasado | เดือนที่แลว | deuan thêe láew |
| | | |
| hace un mes | หนึ่งเดือนก่อนหน้านี้ | nèung deuan gòrn nâa née |
| dentro de un mes | อีกหนึ่งเดือน | èek nèung deuan |
| dentro de dos meses | อีกสองเดือน | èek sǒrng deuan |
| todo el mes | ทั้งเดือน | tháng deuan |
| todo un mes | ตลอดทั้งเดือน | dtà-lòrt tháng deuan |
| | | |
| mensual (adj) | รายเดือน | raai deuan |
| mensualmente (adv) | ทุกเดือน | thúk deuan |
| cada mes | ทุกเดือน | thúk deuan |
| dos veces por mes | เดือนละสองครั้ง | deuan lá sǒrng kráng |
| | | |
| año (m) | ปี | bpee |
| este año | ปีนี้ | bpee née |
| el próximo año | ปีหน้า | bpee nâa |
| el año pasado | ปีที่แลว | bpee thêe láew |
| | | |
| hace un año | หนึ่งปีก่อน | nèung bpee gòrn |
| dentro de un año | อีกหนึ่งปี | èek nèung bpee |
| dentro de dos años | อีกสองปี | èek sǒng bpee |
| todo el año | ทั้งปี | tháng bpee |
| todo un año | ตลอดทั้งปี | dtà-lòrt tháng bpee |
| | | |
| cada año | ทุกปี | thúk bpee |
| anual (adj) | รายปี | raai bpee |
| anualmente (adv) | ทุกปี | thúk bpee |
| cuatro veces por año | ปีละสี่ครั้ง | bpee lá sèe kráng |
| | | |
| fecha (f) (la ~ de hoy es ...) | วันที่ | wan thêe |
| fecha (f) (~ de entrega) | วันเดือนปี | wan deuan bpee |
| calendario (m) | ปฏิทิน | bpà-dtì-thin |
| medio año (m) | ครึ่งปี | khrêung bpee |
| seis meses | หกเดือน | hòk deuan |

| estación (f) | ฤดูกาล | réu-doo gaan |
| siglo (m) | ศตวรรษ | sà-dtà-wát |

## 22. Las unidades de medida

| peso (m) | น้ำหนัก | nám nàk |
| longitud (f) | ความยาว | khwaam yaao |
| anchura (f) | ความกว้าง | khwaam gwâang |
| altura (f) | ความสูง | khwaam sŏong |
| profundidad (f) | ความลึก | khwaam léuk |
| volumen (m) | ปริมาณ | bpà-rí-maan |
| área (f) | บริเวณ | bor-rí-wayn |

| gramo (m) | กรัม | gram |
| miligramo (m) | มิลลิกรัม | min-lí gram |
| kilogramo (m) | กิโลกรัม | gì-loh gram |
| tonelada (f) | ตัน | dtan |
| libra (f) | ปอนด์ | bporn |
| onza (f) | ออนซ์ | orn |

| metro (m) | เมตร | máyt |
| milímetro (m) | มิลลิเมตร | min-lí mâyt |
| centímetro (m) | เซ็นติเมตร | sen dtì mâyt |
| kilómetro (m) | กิโลเมตร | gì-loh máyt |
| milla (f) | ไมล์ | mai |

| pulgada (f) | นิ้ว | níw |
| pie (m) | ฟุต | fút |
| yarda (f) | หลา | lăa |

| metro (m) cuadrado | ตารางเมตร | dtaa-raang máyt |
| hectárea (f) | เฮกตาร์ | hêek dtaa |

| litro (m) | ลิตร | lít |
| grado (m) | องศา | ong-săa |
| voltio (m) | โวลต์ | wohn |
| amperio (m) | แอมแปร์ | aem-bpae |
| caballo (m) de fuerza | แรงม้า | raeng máa |

| cantidad (f) | จำนวน | jam-nuan |
| un poco de ... | นิดหน่อย | nít nói |
| mitad (f) | ครึ่ง | khrêung |

| docena (f) | โหล | lŏh |
| pieza (f) | ส่วน | sùan |

| dimensión (f) | ขนาด | khà-nàat |
| escala (f) (del mapa) | มาตราส่วน | mâat-dtraa sùan |

| mínimo (adj) | น้อยที่สุด | nói thêe sùt |
| el más pequeño (adj) | เล็กที่สุด | lék thêe sùt |
| medio (adj) | กลาง | glaang |
| máximo (adj) | สูงสุด | sŏong sùt |
| el más grande (adj) | ใหญ่ที่สุด | yài têe sùt |

## 23. Contenedores

| | | |
|---|---|---|
| tarro (m) de vidrio | ขวดโหล | khùat lŏh |
| lata (f) de hojalata | กระป๋อง | grà-bpŏrng |
| cubo (m) | ถัง | thăng |
| barril (m) | ถัง | thăng |
| | | |
| palangana (f) | กะทะ | gà-thá |
| tanque (m) | ถังเก็บน้ำ | thăng gèp nám |
| petaca (f) (de alcohol) | กระติกน้ำ | grà-dtìk nám |
| bidón (m) de gasolina | ภาชนะ | phaa-chá-ná |
| cisterna (f) | ถังบรรจุ | thăng ban-jù |
| | | |
| taza (f) (mug de cerámica) | แก้ว | gâew |
| taza (f) (~ de café) | ถ้วย | thûay |
| platillo (m) | จานรอง | jaan rorng |
| vaso (m) (~ de agua) | แก้ว | gâew |
| copa (f) (~ de vino) | แก้วไวน์ | gâew wai |
| olla (f) | หม้อ | môr |
| | | |
| botella (f) | ขวด | khùat |
| cuello (m) de botella | ปาก | bpàak |
| | | |
| garrafa (f) | คนโท | khon-thoh |
| jarro (m) (~ de agua) | เหยือก | yèuak |
| recipiente (m) | ภาชนะ | phaa-chá-ná |
| tarro (m) | หม้อ | môr |
| florero (m) | แจกัน | jae-gan |
| | | |
| frasco (m) (~ de perfume) | กระติก | grà-dtìk |
| frasquito (m) | ขวดเล็ก | khùat lék |
| tubo (m) | หลอด | lòrt |
| | | |
| saco (m) (~ de azúcar) | ถุง | thŭng |
| bolsa (f) (~ plástica) | ถุง | thŭng |
| paquete (m) (~ de cigarrillos) | ซอง | sorng |
| | | |
| caja (f) | กล่อง | glòrng |
| cajón (m) (~ de madera) | ลัง | lang |
| cesta (f) | ตะกร้า | dtà-grâa |

# EL SER HUMANO

## El ser humano. El cuerpo

**24. La cabeza**

| | | |
|---|---|---|
| cabeza (f) | หัว | hŭa |
| cara (f) | หน้า | nâa |
| nariz (f) | จมูก | jà-mòok |
| boca (f) | ปาก | bpàak |
| ojo (m) | ตา | dtaa |
| ojos (m pl) | ตา | dtaa |
| pupila (f) | รูม่านตา | roo mâan dtaa |
| ceja (f) | คิ้ว | khíw |
| pestaña (f) | ขนตา | khŏn dtaa |
| párpado (m) | เปลือกตา | bplèuak dtaa |
| lengua (f) | ลิ้น | lín |
| diente (m) | ฟัน | fan |
| labios (m pl) | ริมฝีปาก | rim fĕe bpàak |
| pómulos (m pl) | โหนกแก้ม | nòhk gâem |
| encía (f) | เหงือก | ngèuak |
| paladar (m) | เพดานปาก | phay-daan bpàak |
| ventanas (f pl) | รูจมูก | roo jà-mòok |
| mentón (m) | คาง | khaang |
| mandíbula (f) | ขากรรไกร | khăa gan-grai |
| mejilla (f) | แก้ม | gâem |
| frente (f) | หน้าผาก | nâa phàak |
| sien (f) | ขมับ | khà-màp |
| oreja (f) | หู | hŏo |
| nuca (f) | หลังศีรษะ | lăng sĕe-sà |
| cuello (m) | คอ | khor |
| garganta (f) | ลำคอ | lam khor |
| pelo, cabello (m) | ผม | phŏm |
| peinado (m) | ทรงผม | song phŏm |
| corte (m) de pelo | ทรงผม | song phŏm |
| peluca (f) | ผมปลอม | phŏm bplorm |
| bigote (m) | หนวด | nùat |
| barba (f) | เครา | krao |
| tener (~ la barba) | ลองไว้ | lorng wái |
| trenza (f) | ผมเปีย | phŏm bpia |
| patillas (f pl) | จอน | jorn |
| pelirrojo (adj) | ผมแดง | phŏm daeng |
| gris, canoso (adj) | ผมหงอก | phŏm ngòrk |

| calvo (adj) | หัวล้าน | hǔa láan |
| calva (f) | หัวลาน | hǔa láan |

| cola (f) de caballo | ผมทูรงหางม้า | phǒm song hǎang máa |
| flequillo (m) | ผมมา | phǒm máa |

## 25. El cuerpo

| mano (f) | มือ | meu |
| brazo (m) | แขน | khǎen |

| dedo (m) | นิ้ว | níw |
| dedo (m) del pie | นิ้วเท้า | níw tháo |
| dedo (m) pulgar | นิ้วโป้ง | níw bpôhng |
| dedo (m) meñique | นิ้วก้อย | níw gôi |
| uña (f) | เล็บ | lép |

| puño (m) | กำปั้น | gam bpân |
| palma (f) | ฝ่ามือ | fàa meu |
| muñeca (f) | ข้อมือ | khôr meu |
| antebrazo (m) | แขนช่วงล่าง | khǎen chûang lâang |
| codo (m) | ข้อศอก | khôr sòrk |
| hombro (m) | ไหล่ | lài |

| pierna (f) | ขา | khǎa |
| planta (f) | เท้า | tháo |
| rodilla (f) | หัวเข่า | hǔa khào |
| pantorrilla (f) | น่อง | nôrng |
| cadera (f) | สะโพก | sà-phôhk |
| talón (m) | ส้นเท้า | sôn tháo |

| cuerpo (m) | ร่างกาย | râang gaai |
| vientre (m) | ท้อง | thórng |
| pecho (m) | อก | òk |
| seno (m) | หน้าอก | nâa òk |
| lado (m), costado (m) | ข้าง | khâang |
| espalda (f) | หลัง | lǎng |
| zona (f) lumbar | หลังส่วนล่าง | lǎng sùan lâang |
| cintura (f), talle (m) | เอว | eo |

| ombligo (m) | สะดือ | sà-deu |
| nalgas (f pl) | ก้น | gôn |
| trasero (m) | ก้น | gôn |

| lunar (m) | ไฝเสน่ห์ | fǎi sà-này |
| marca (f) de nacimiento | ปาน | bpaan |
| tatuaje (m) | รอยสัก | roi sàk |
| cicatriz (f) | แผลเป็น | phlǎe bpen |

# La ropa y los accesorios

## 26. La ropa exterior. Los abrigos

| | | |
|---|---|---|
| ropa (f), vestido (m) | เสื้อผ้า | sêua phâa |
| ropa (f) de calle | เสื้อนอก | sêua nôk |
| ropa (f) de invierno | เสื้อกันหนาว | sêua gan năao |
| | | |
| abrigo (m) | เสื้อโค้ท | sêua khóht |
| abrigo (m) de piel | เสื้อโค้ทขนสัตว์ | sêua khóht khŏn sàt |
| abrigo (m) corto de piel | แจคเก็ตขนสัตว์ | jáek-gèt khŏn sàt |
| plumón (m) | แจ็คเก็ตกันหนาว | jàek-gèt gan năao |
| | | |
| cazadora (f) | แจ๊คเก็ต | jáek-gèt |
| impermeable (m) | เสื้อกันฝน | sêua gan fŏn |
| impermeable (adj) | ซึ่งกันน้ำได้ | sêung gan náam dâai |

## 27. Men's & women's clothing

| | | |
|---|---|---|
| camisa (f) | เสื้อ | sêua |
| pantalones (m pl) | กางเกง | gaang-gayng |
| jeans, vaqueros (m pl) | กางเกงยีนส์ | gaang-gayng yeen |
| chaqueta (f), saco (m) | แจ็คเก็ตสูท | jáek-gèt sòot |
| traje (m) | ชุดสูท | chút sòot |
| | | |
| vestido (m) | ชุดเดรส | chút draet |
| falda (f) | กระโปรง | grà bprohng |
| blusa (f) | เสื้อ | sêua |
| rebeca (f), | แจคเก็ตถัก | jáek-gèt thàk |
| chaqueta (f) de punto | | |
| chaqueta (f) | แจ๊คเก็ต | jáek-gèt |
| | | |
| camiseta (f) (T-shirt) | เสื้อยืด | sêua yêut |
| shorts (m pl) | กางเกงขาสั้น | gaang-gayng khăa sân |
| traje (m) deportivo | ชุดวอรม | chút wom |
| bata (f) de baño | เสื้อคลุมอาบน้ำ | sêua khlum àap náam |
| pijama (f) | ชุดนอน | chút norn |
| jersey (m), suéter (m) | เสื้อไหมพรม | sêua măi phrom |
| pulóver (m) | เสื้อกันหนาวแบบสวม | sêua gan năao bàep sŭam |
| | | |
| chaleco (m) | เสื้อกั๊ก | sêua gák |
| frac (m) | เสื้อเทลโค้ต | sêua thayn-khóht |
| esmoquin (m) | ชุดทักซิโด | chút thák sí dôh |
| | | |
| uniforme (m) | เครื่องแบบ | khrêuang bàep |
| ropa (f) de trabajo | ชุดทำงาน | chút tam ngaan |
| mono (m) | ชุดเอี๊ยม | chút íam |
| bata (f) (p. ej. ~ blanca) | เสื้อคลุม | sêua khlum |

## 28. La ropa. La ropa interior

| | | |
|---|---|---|
| ropa (f) interior | ชุดชั้นใน | chút chán nai |
| bóxer (m) | กางเกงในชาย | gaang-gayng nai chaai |
| bragas (f pl) | กางเกงในสตรี | gaang-gayng nai sàt-dtree |
| camiseta (f) interior | เสื้อชั้นใน | sêua chán nai |
| calcetines (m pl) | ถุงเท้า | thŭng tháo |
| | | |
| camisón (m) | ชุดนอนสตรี | chút norn sàt-dtree |
| sostén (m) | ยกทรง | yók song |
| calcetines (m pl) altos | ถุงเท้ายาว | thŭng tháo yaao |
| pantimedias (f pl) | ถุงน่องเต็มตัว | thŭng nông dtem dtua |
| medias (f pl) | ถุงน่อง | thŭng nông |
| traje (m) de baño | ชุดว่ายน้ำ | chút wâai náam |

## 29. Gorras

| | | |
|---|---|---|
| gorro (m) | หมวก | mùak |
| sombrero (m) de fieltro | หมวก | mùak |
| gorra (f) de béisbol | หมวกเบสบอล | mùak bàyt-bon |
| gorra (f) plana | หมวกติงลี่ | mùak dting lêe |
| | | |
| boina (f) | หมวกเบเร่ต์ | mùak bay-rây |
| capuchón (m) | ฮูด | hóot |
| panamá (m) | หมวกปานามา | mùak bpaa-naa-maa |
| gorro (m) de punto | หมวกไหมพรม | mùak măi phrom |
| | | |
| pañuelo (m) | ผ้าโพกศีรษะ | phâa phôhk sĕe-sà |
| sombrero (m) de mujer | หมวกสตรี | mùak sàt-dtree |
| | | |
| casco (m) (~ protector) | หมวกนิรภัย | mùak ní-rá-phai |
| gorro (m) de campaña | หมวกหนีบ | mùak nèep |
| casco (m) (~ de moto) | หมวกกันน็อค | mùak ní-rá-phai |
| | | |
| bombín (m) | หมวกกลมทรงสูง | mùak glom song sŏong |
| sombrero (m) de copa | หมวกทรงสูง | mùak song sŏong |

## 30. El calzado

| | | |
|---|---|---|
| calzado (m) | รองเท้า | rorng tháo |
| botas (f pl) | รองเท้า | rorng tháo |
| zapatos (m pl) (~ de tacón bajo) | รองเท้า | rorng tháo |
| botas (f pl) altas | รองเท้าบูท | rorng tháo bòot |
| zapatillas (f pl) | รองเท้าแตะในบ้าน | rorng tháo dtàe nai bâan |
| | | |
| tenis (m pl) | รองเท้ากีฬา | rorng tháo gee-laa |
| zapatillas (f pl) de lona | รองเท้าผ้าใบ | rorng tháo phâa bai |
| sandalias (f pl) | รองเท้าแตะ | rorng tháo dtàe |
| zapatero (m) | คนซ่อมรองเท้า | khon sôrm rorng tháo |
| tacón (m) | สนรองเท้า | sôn rorng tháo |

| par (m) | คู่ | khôo |
| cordón (m) | เชือกรองเท้า | chêuak rorng tháo |
| encordonar (vt) | ผูกเชือกรองเท้า | phòok chêuak rorng tháo |
| calzador (m) | ที่ชอนรองเท้า | thêe chón rorng tháo |
| betún (m) | ยาขัดรองเทา | yaa khàt rorng tháo |

## 31. Accesorios personales

| guantes (m pl) | ถุงมือ | thŭng meu |
| manoplas (f pl) | ถุงมือ | thŭng meu |
| bufanda (f) | ผ้าพันคอ | phâa phan khor |
| | | |
| gafas (f pl) | แว่นตา | wâen dtaa |
| montura (f) | กรอบแว่น | gròrp wâen |
| paraguas (m) | ร่ม | rôm |
| bastón (m) | ไม้เท้า | máai tháo |
| cepillo (m) de pelo | แปรงหวีผม | bpraeng wěe phǒm |
| abanico (m) | พัด | phát |
| | | |
| corbata (f) | เนคไท | nâyk-thai |
| pajarita (f) | โบว์หูกระต่าย | boh hǒo grà-dtàai |
| tirantes (m pl) | สายเอี๊ยม | sǎai íam |
| moquero (m) | ผ้าเช็ดหน้า | phâa chét-nâa |
| | | |
| peine (m) | หวี | wěe |
| pasador (m) de pelo | ที่หนีบผม | têe nèep phǒm |
| horquilla (f) | กิ๊บ | gíp |
| hebilla (f) | หัวเข็มขัด | hǔa khěm khàt |
| | | |
| cinturón (m) | เข็มขัด | khěm khàt |
| correa (f) (de bolso) | สายกระเป๋า | sǎai grà-bpǎo |
| | | |
| bolsa (f) | กระเป๋า | grà-bpǎo |
| bolso (m) | กระเป๋าถือ | grà-bpǎo thěu |
| mochila (f) | กระเป๋าสะพายหลัง | grà-bpǎo sà-phaai lǎng |

## 32. La ropa. Miscelánea

| moda (f) | แฟชั่น | fae-chân |
| de moda (adj) | ค่านิยม | khâa ní-yom |
| diseñador (m) de moda | นักออกแบบแฟชั่น | nák òrk bàep fae-chân |
| | | |
| cuello (m) | คอปกเสื้อ | khor bpòk sêua |
| bolsillo (m) | กระเป๋า | grà-bpǎo |
| de bolsillo (adj) | กระเป๋า | grà-bpǎo |
| manga (f) | แขนเสื้อ | khǎen sêua |
| presilla (f) | ที่แขวนเสื้อ | thêe khwǎen sêua |
| bragueta (f) | ซิปกางเกง | síp gaang-gayng |
| | | |
| cremallera (f) | ซิป | síp |
| cierre (m) | ซิป | síp |
| botón (m) | กระดุม | grà dum |

| | | |
|---|---|---|
| ojal (m) | รูกระดุม | roo grà dum |
| saltar (un botón) | หลุดออก | lùt òrk |
| | | |
| coser (vi, vt) | เย็บ | yép |
| bordar (vt) | ปัก | bpàk |
| bordado (m) | ลายปัก | laai bpàk |
| aguja (f) | เข็มเย็บผ้า | khĕm yép phâa |
| hilo (m) | เสนด้าย | sây-dâai |
| costura (f) | รอยเย็บ | roi yép |
| | | |
| ensuciarse (vr) | สกปรก | sòk-gà-bpròk |
| mancha (f) | รอยเปื้อน | roi bpêuan |
| arrugarse (vr) | พับเป็นรอยย่น | pháp bpen roi yôn |
| rasgar (vt) | ฉีก | chèek |
| polilla (f) | แมลงกินผ้า | má-laeng gin phâa |

## 33. Productos personales. Cosméticos

| | | |
|---|---|---|
| pasta (f) de dientes | ยาสีฟัน | yaa sĕe fan |
| cepillo (m) de dientes | แปรงสีฟัน | bpraeng sĕe fan |
| limpiarse los dientes | แปรงฟัน | bpraeng fan |
| | | |
| maquinilla (f) de afeitar | มีดโกน | mêet gohn |
| crema (f) de afeitar | ครีมโกนหนวด | khreem gohn nùat |
| afeitarse (vr) | โกน | gohn |
| | | |
| jabón (m) | สบู่ | sà-bòo |
| champú (m) | แชมพู | chaem-phoo |
| | | |
| tijeras (f pl) | กรรไกร | gan-grai |
| lima (f) de uñas | ตะไบเล็บ | dtà-bai lép |
| cortaúñas (m pl) | กรรไกรตัดเล็บ | gan-grai dtàt lép |
| pinzas (f pl) | แหนบ | nàep |
| | | |
| cosméticos (m pl) | เครื่องสำอาง | khrêuang săm-aang |
| mascarilla (f) | มาสก์หน้า | mâak nâa |
| manicura (f) | การแต่งเล็บ | gaan dtàeng lép |
| hacer la manicura | แต่งเล็บ | dtàeng lép |
| pedicura (f) | การแต่งเล็บเท้า | gaan dtàeng lép táo |
| | | |
| neceser (m) de maquillaje | กระเป๋าเครื่องสำอาง | grà-bpăo khrêuang săm-aang |
| polvos (m pl) | แป้งฝุ่น | bpâeng-fùn |
| polvera (f) | ตลับแป้ง | dtà-làp bpâeng |
| colorete (m), rubor (m) | แป้งทาแก้ม | bpâeng thaa gâem |
| | | |
| perfume (m) | น้ำหอม | nám hŏrm |
| agua (f) perfumada | น้ำหอมอ่อนๆ | náam hŏrm òn òn |
| loción (f) | โลชั่น | loh-chân |
| agua (f) de colonia | โคโลญจ์ | khoh-lohn |
| | | |
| sombra (f) de ojos | อายแชโดว์ | aai-chae-doh |
| lápiz (m) de ojos | อายไลเนอร์ | aai lai-ner |
| rímel (m) | มาสคารา | mâat-khaa-râa |
| pintalabios (m) | ลิปสติก | líp-sà-dtìk |

| esmalte (m) de uñas | น้ำยาทาเล็บ | nám yaa-thaa lép |
| fijador (m) (para el pelo) | สเปรยฉีดผม | sà-bpray chèet phŏm |
| desodorante (m) | ยาดับกลิ่น | yaa dàp glìn |

| crema (f) | ครีม | khreem |
| crema (f) de belleza | ครีมทาหน้า | khreem thaa nâa |
| crema (f) de manos | ครีมทามือ | khreem thaa meu |
| crema (f) antiarrugas | ครีมลดริ้วรอย | khreem lót ríw roi |
| crema (f) de día | ครีมกลางวัน | khreem klaang wan |
| crema (f) de noche | ครีมกลางคืน | khreem klaang kheun |
| de día (adj) | กลางวัน | glaang wan |
| de noche (adj) | กลางคืน | glaang kheun |

| tampón (m) | ผ้าอนามัยแบบสอด | phâa a-naa-mai bàep sòrt |
| papel (m) higiénico | กระดาษชำระ | grà-dàat cham-rá |
| secador (m) de pelo | เครื่องเป่าผม | khrêuang bpào phŏm |

## 34. Los relojes

| reloj (m) | นาฬิกา | naa-lí-gaa |
| esfera (f) | หน้าปัด | nâa bpàt |
| aguja (f) | เข็ม | khĕm |
| pulsera (f) | สายนาฬิกาข้อมือ | săi naa-lí-gaa khôr meu |
| correa (f) (del reloj) | สายรัดขอมือ | săi rát khôr meu |

| pila (f) | แบตเตอรี่ | bàet-dter-rêe |
| descargarse (vr) | หมด | mòt |
| cambiar la pila | เปลี่ยนแบตเตอรี่ | bplìan bàet-dter-rêe |
| adelantarse (vr) | เดินเร็วเกินไป | dern reo gern bpai |
| retrasarse (vr) | เดินชา | dern cháa |

| reloj (m) de pared | นาฬิกาแขวนผนัง | naa-lí-gaa khwăen phà-năng |
| reloj (m) de arena | นาฬิกาทราย | naa-lí-gaa saai |
| reloj (m) de sol | นาฬิกาแดด | naa-lí-gaa dàet |
| despertador (m) | นาฬิกาปลุก | naa-lí-gaa bplùk |
| relojero (m) | ชางซอมนาฬิกา | châang sôrm naa-lí-gaa |
| reparar (vt) | ซอม | sôrm |

# La comida y la nutrición

## 35. La comida

| | | |
|---|---|---|
| carne (f) | เนื้อ | néua |
| gallina (f) | ไก่ | gài |
| pollo (m) | เนื้อลูกไก่ | néua lôok gài |
| pato (m) | เป็ด | bpèt |
| ganso (m) | ห่าน | hàan |
| caza (f) menor | สัตว์ที่ล่า | sàt thêe lâa |
| pava (f) | ไก่งวง | gài nguang |
| | | |
| carne (f) de cerdo | เนื้อหมู | néua mŏo |
| carne (f) de ternera | เนื้อลูกวัว | néua lôok wua |
| carne (f) de carnero | เนื้อแกะ | néua gàe |
| carne (f) de vaca | เนื้อวัว | néua wua |
| conejo (m) | เนื้อกระต่าย | néua grà-dtàai |
| | | |
| salchichón (m) | ไส้กรอก | sâi gròrk |
| salchicha (f) | ไส้กรอกเวียนนา | sâi gròrk wian-naa |
| beicon (m) | หมูเบคอน | mŏo bay-khorn |
| jamón (m) | แฮม | haem |
| jamón (m) fresco | แฮมแกมมอน | haem gaem-morn |
| | | |
| paté (m) | ปาเต | bpaa dtay |
| hígado (m) | ตับ | dtàp |
| carne (f) picada | เนื้อสับ | néua sàp |
| lengua (f) | ลิ้น | lín |
| | | |
| huevo (m) | ไข่ | khài |
| huevos (m pl) | ไข่ | khài |
| clara (f) | ไข่ขาว | khài khăao |
| yema (f) | ไขแดง | khài daeng |
| | | |
| pescado (m) | ปลา | bplaa |
| mariscos (m pl) | อาหารทะเล | aa hăan thá-lay |
| crustáceos (m pl) | สัตว์พวกกุ้งกั้งปู | sàt phûak gûng gâng bpoo |
| caviar (m) | ไข่ปลา | khài-bplaa |
| | | |
| cangrejo (m) de mar | ปู | bpoo |
| camarón (m) | กุ้ง | gûng |
| ostra (f) | หอยนางรม | hŏi naang rom |
| langosta (f) | กุ้งมังกร | gûng mang-gon |
| pulpo (m) | ปลาหมึก | bplaa mèuk |
| calamar (m) | ปลาหมึกกล้วย | bplaa mèuk-glûay |
| | | |
| esturión (m) | ปลาสเตอร์เจียน | bpláa sà-dtêr jian |
| salmón (m) | ปลาแซลมอน | bplaa saen-morn |
| fletán (m) | ปลาตาเดียว | bplaa dtaa-dieow |
| bacalao (m) | ปลาค็อด | bplaa khót |

| | | |
|---|---|---|
| caballa (f) | ปลาแม็คเคอเร็ล | bplaa máek-kay-a-rěn |
| atún (m) | ปลาทูน่า | bplaa thoo-nâa |
| anguila (f) | ปลาไหล | bplaa lǎi |
| trucha (f) | ปลาเทราท์ | bplaa thrau |
| sardina (f) | ปลาซาร์ดีน | bplaa saa-deen |
| lucio (m) | ปลาไพค์ | bplaa phai |
| arenque (m) | ปลาเฮอร์ริ่ง | bplaa her-ring |
| pan (m) | ขนมปัง | khà-nǒm bpang |
| queso (m) | เนยแข็ง | noie khǎeng |
| azúcar (m) | น้ำตาล | nám dtaan |
| sal (f) | เกลือ | gleua |
| arroz (m) | ข้าว | khâao |
| macarrones (m pl) | พาสต้า | phâat-dtâa |
| tallarines (m pl) | กวยเตี๋ยว | gǔay-dtǐeow |
| mantequilla (f) | เนย | noie |
| aceite (m) vegetal | น้ำมันพืช | nám man phêut |
| aceite (m) de girasol | น้ำมันดอกทานตะวัน | nám man dòrk thaan dtà-wan |
| margarina (f) | เนยเทียม | noie thiam |
| olivas (f pl) | มะกอก | má-gòrk |
| aceite (m) de oliva | น้ำมันมะกอก | nám man má-gòrk |
| leche (f) | นม | nom |
| leche (f) condensada | นมข้น | nom khôn |
| yogur (m) | โยเกิร์ต | yoh-gèrt |
| nata (f) agria | ซาวร์ครีม | saao khreem |
| nata (f) líquida | ครีม | khreem |
| mayonesa (f) | มายองเนส | maa-yorng-nâyt |
| crema (f) de mantequilla | สวนผสมของเนย และน้ำตาล | sùan phà-sǒm khǒrng noie láe nám dtaan |
| cereal molido grueso | เมล็ดธัญพืช | má-lét than-yá-phêut |
| harina (f) | แป้ง | bpâeng |
| conservas (f pl) | อาหารกระป๋อง | aa-hǎan grà-bpǒrng |
| copos (m pl) de maíz | ดูรุ่นเฟลค | khorn-flâyk |
| miel (f) | น้ำผึ้ง | nám phêung |
| confitura (f) | แยม | yaem |
| chicle (m) | หมากฝรั่ง | màak fà-ràng |

## 36. Las bebidas

| | | |
|---|---|---|
| agua (f) | น้ำ | nám |
| agua (f) potable | น้ำดื่ม | nám dèum |
| agua (f) mineral | น้ำแร่ | nám râe |
| sin gas | ไม่มีฟอง | mâi mee forng |
| gaseoso (adj) | น้ำอัดลม | nám àt lom |
| con gas | มีฟอง | mee forng |

| hielo (m) | น้ำแข็ง | nám kǎeng |
| con hielo | ใส่น้ำแข็ง | sài nám kǎeng |

| sin alcohol | ไม่มีแอลกอฮอล์ | mâi mee aen-gor-hor |
| bebida (f) sin alcohol | เครื่องดื่มที่ไม่มีแอลกอฮอล์ | krêuang dèum têe mâi mee aen-gor-hor |
| refresco (m) | เครื่องดื่มให้ความสดชื่น | khrêuang dèum hâi khwaam sòt chêun |
| limonada (f) | น้ำเลมอนเนด | nám lay-morn-nâyt |

| bebidas (f pl) alcohólicas | เหล้า | lǎu |
| vino (m) | ไวน์ | wai |
| vino (m) blanco | ไวน์ขาว | wai kǎao |
| vino (m) tinto | ไวน์แดง | wai daeng |

| licor (m) | สุรา | sù-raa |
| champaña (f) | แชมเปญ | chaem-bpayn |
| vermú (m) | เหล้าองุ่นขาวซึ่งมีกลิ่นหอม | lâo a-ngùn kǎao sêung mee glìn hǒrm |

| whisky (m) | เหล้าวิสกี้ | lǎu wít-sa -gêe |
| vodka (m) | เหล้าวอดก้า | lǎu wórt-gâa |
| ginebra (f) | เหล้ายิน | lǎu yin |
| coñac (m) | เหล้าคอนยัก | lǎu khorn yák |
| ron (m) | เหลารัม | lǎu ram |

| café (m) | กาแฟ | gaa-fae |
| café (m) solo | กาแฟดำ | gaa-fae dam |
| café (m) con leche | กาแฟใส่นม | gaa-fae sài nom |
| capuchino (m) | กาแฟคาปูชิโน | gaa-fae khaa bpoo chí noh |
| café (m) soluble | กาแฟสำเร็จรูป | gaa-fae sǎm-rèt rôop |

| leche (f) | นม | nom |
| cóctel (m) | ค็อกเทล | khók-tayn |
| batido (m) | มิลคเชค | min-châyk |

| zumo (m), jugo (m) | น้ำผลไม้ | nám phǒn-lá-máai |
| jugo (m) de tomate | น้ำมะเขือเทศ | nám má-khěua thâyt |
| zumo (m) de naranja | น้ำส้ม | nám sôm |
| zumo (m) fresco | น้ำผลไม้คั้นสด | nám phǒn-lá-máai khán sòt |

| cerveza (f) | เบียร์ | bia |
| cerveza (f) rubia | เบียร์ไลท์ | bia lai |
| cerveza (f) negra | เบียร์ดารค | bia dàak |

| té (m) | ชา | chaa |
| té (m) negro | ชาดำ | chaa dam |
| té (m) verde | ชาเขียว | chaa khǐeow |

## 37. Las verduras

| legumbres (f pl) | ผัก | phàk |
| verduras (f pl) | ผักใบเขียว | phàk bai khǐeow |
| tomate (m) | มะเขือเทศ | má-khěua thâyt |

| pepino (m) | แตงกวา | dtaeng-gwaa |
| zanahoria (f) | แครอท | khae-rót |
| patata (f) | มันฝรั่ง | man fà-ràng |
| cebolla (f) | หัวหอม | hǔa hǒrm |
| ajo (m) | กระเทียม | grà-thiam |

| col (f) | กะหล่ำปลี | gà-làm bplee |
| coliflor (f) | ดอกกะหล่ำ | dòrk gà-làm |
| col (f) de Bruselas | กะหล่ำดาว | gà-làm-daao |
| brócoli (m) | บร็อคโคลี่ | bròrk-khoh-lêe |

| remolacha (f) | บีทรูท | bee-trôot |
| berenjena (f) | มะเขือยาว | má-khěua-yaao |
| calabacín (m) | แตงซูคินี | dtaeng soo-khí-nee |
| calabaza (f) | ฟักทอง | fák-thorng |
| nabo (m) | หัวผักกาด | hǔa-phàk-gàat |

| perejil (m) | ผักชีฝรั่ง | phàk chee fà-ràng |
| eneldo (m) | ผักชีลาว | phàk-chee-laao |
| lechuga (f) | ผักกาดหอม | phàk gàat hǒrm |
| apio (m) | คื่นช่าย | khêun-châai |
| espárrago (m) | หน่อไม้ฝรั่ง | nòr máai fà-ràng |
| espinaca (f) | ผักขม | phàk khǒm |

| guisante (m) | ถั่วลันเตา | thùa-lan-dtao |
| habas (f pl) | ถั่ว | thùa |
| maíz (m) | ข้าวโพด | khâao-phôht |
| fréjol (m) | ถั่วรูปไต | thùa rôop dtai |

| pimentón (m) | พริกหยวก | phrík-yùak |
| rábano (m) | หัวไชเท้า | hǔa chai tháo |
| alcachofa (f) | อาร์ติโชค | aa dtì chôhk |

## 38. Las frutas. Las nueces

| fruto (m) | ผลไม้ | phǒn-lá-máai |
| manzana (f) | แอปเปิ้ล | àep-bpêrn |
| pera (f) | แพร | phae |
| limón (m) | มะนาว | má-naao |
| naranja (f) | ส้ม | sôm |
| fresa (f) | สตรอว์เบอร์รี่ | sà-dtror-ber-rêe |

| mandarina (f) | ส้มแมนดาริน | sôm maen daa rin |
| ciruela (f) | พลัม | phlam |
| melocotón (m) | ลูกทอ | lôok thór |
| albaricoque (m) | แอปริคอท | ae-bprì-khôrt |
| frambuesa (f) | ราสเบอร์รี่ | râat-ber-rêe |
| ananás (m) | สับปะรด | sàp-bpà-rót |

| banana (f) | กล้วย | glûay |
| sandía (f) | แตงโม | dtaeng moh |
| uva (f) | องุ่น | a-ngùn |
| guinda (f) | เชอร์รี่ | cher-rêe |
| cereza (f) | เชอร์รี่ป่า | cher-rêe bpàa |

| melón (m) | เมลอน | may-lorn |
| pomelo (m) | สมโอ | sôm oh |
| aguacate (m) | อะโวคาโด | a-who-khaa-doh |
| papaya (m) | มะละกอ | má-lá-gor |
| mango (m) | มะม่วง | má-mûang |
| granada (f) | ทับทิม | tháp-thim |

| grosella (f) roja | เรดเคอร์แรนท์ | râyt-khêr-raen |
| grosella (f) negra | แบล็คเคอุรแรนท์ | blàek khêr-raen |
| grosella (f) espinosa | กูสเบอรรี่ | gòot-ber-rêe |
| arándano (m) | บิลเบอร์รี่ | bil-ber-rêe |
| zarzamoras (f pl) | แบล็คเบอร์รี่ | blàek ber-rêe |

| pasas (f pl) | ลูกเกด | lôok gàyt |
| higo (m) | มะเดื่อฝรั่ง | má dèua fà-ràng |
| dátil (m) | ลูกอินทผลัม | lôok in-thá-plăm |

| cacahuete (m) | ถั่วลิสง | thùa-lí-sŏng |
| almendra (f) | อัลมอนด์ | an-morn |
| nuez (f) | วอลนัต | wor-lá-nát |
| avellana (f) | เฮเซลนัท | hay sayn nát |
| nuez (f) de coco | มะพราว | má-phráao |
| pistachos (m pl) | ถั่วพิสตาชิโอ | thùa phít dtaa chí oh |

## 39. El pan. Los dulces

| pasteles (m pl) | ขนม | khà-nŏm |
| pan (m) | ขนมปัง | khà-nŏm bpang |
| galletas (f pl) | คุกกี้ | khúk-gêe |

| chocolate (m) | ช็อกโกแลต | chók-goh-láet |
| de chocolate (adj) | ช็อกโกแลต | chók-goh-láet |
| caramelo (m) | ลูกกวาด | lôok gwàat |
| tarta (f) (pequeña) | ขนมเค้ก | khà-nŏm kháyk |
| tarta (f) (~ de cumpleaños) | ขนมเค้ก | khà-nŏm kháyk |

| pastel (m) (~ de manzana) | ขนมพาย | khà-nŏm phaai |
| relleno (m) | ไส้ในขนม | sâi nai khà-nŏm |

| confitura (f) | แยม | yaem |
| mermelada (f) | แยมผิวส้ม | yaem phĭw sôm |
| gofre (m) | วาฟเฟิล | waaf-fern |
| helado (m) | ไอศกรีม | ai-sà-greem |
| pudín (f) | พุดดิ้ง | phút-dîng |

## 40. Los platos al horno

| plato (m) | มื้ออาหาร | méu aa-hăan |
| cocina (f) | อาหาร | aa-hăan |
| receta (f) | ตำราอาหาร | dtam-raa aa-hăan |
| porción (f) | สวน | sùan |
| ensalada (f) | สลัด | sà-làt |

| | | |
|---|---|---|
| sopa (f) | ซุป | súp |
| caldo (m) | ซุปน้ำใส | súp nám-săi |
| bocadillo (m) | แซนด์วิช | saen-wít |
| huevos (m pl) fritos | ไข่ทอด | khài thôrt |
| | | |
| hamburguesa (f) | แฮมเบอร์เกอร์ | haem-ber-gêr |
| bistec (m) | สเต็กเนื้อ | sà-dtèk néua |
| | | |
| guarnición (f) | เครื่องเคียง | khrêuang khiang |
| espagueti (m) | สปาเก็ตตี้ | sà-bpaa-gèt-dtêe |
| puré (m) de patatas | มันฝรั่งบด | man fà-ràng bòt |
| pizza (f) | พิซซ่า | phít-sâa |
| gachas (f pl) | ข้าวต้ม | khâao-dtôm |
| tortilla (f) francesa | ไข่เจียว | khài jieow |
| | | |
| cocido en agua (adj) | ต้ม | dtôm |
| ahumado (adj) | รมควัน | rom khwan |
| frito (adj) | ทอด | thôrt |
| seco (adj) | ตากแห้ง | dtàak hâeng |
| congelado (adj) | แช่แข็ง | châe khăeng |
| marinado (adj) | ดอง | dorng |
| | | |
| azucarado (adj) | หวาน | wăan |
| salado (adj) | เค็ม | khem |
| frío (adj) | เย็น | yen |
| caliente (adj) | ร้อน | rórn |
| amargo (adj) | ขม | khŏm |
| sabroso (adj) | อร่อย | à-ròi |
| | | |
| cocer en agua | ต้ม | dtôm |
| preparar (la cena) | ทำอาหาร | tham aa-hăan |
| freír (vt) | ทอด | thôrt |
| calentar (vt) | อุ่น | ùn |
| | | |
| salar (vt) | ใส่เกลือ | sài gleua |
| poner pimienta | ใส่พริกไทย | sài phrík thai |
| rallar (vt) | ขูด | khòot |
| piel (f) | เปลือก | bplèuak |
| pelar (vt) | ปอกเปลือก | bpòrk bplêuak |

## 41. Las especias

| | | |
|---|---|---|
| sal (f) | เกลือ | gleua |
| salado (adj) | เค็ม | khem |
| salar (vt) | ใส่เกลือ | sài gleua |
| | | |
| pimienta (f) negra | พริกไทย | phrík thai |
| pimienta (f) roja | พริกแดง | phrík daeng |
| mostaza (f) | มัสตาร์ด | mát-dtàat |
| rábano (m) picante | ฮอสแรดิช | hórt rae dìt |
| | | |
| condimento (m) | เครื่องปรุงรส | khrêuang bprung rót |
| especia (f) | เครื่องเทศ | khrêuang thâyt |
| salsa (f) | ซอส | sós |

| | | |
|---|---|---|
| vinagre (m) | น้ำส้มสายชู | nám sôm săai choo |
| anís (m) | เทียนสัตตบุษย์ | thian-sàt-dtà-bùt |
| albahaca (f) | ใบโหระพา | bai hŏh rá phaa |
| clavo (m) | กานพลู | gaan-phloo |
| jengibre (m) | ขิง | khĭng |
| cilantro (m) | ผักชีลา | pàk-chee-laa |
| canela (f) | อบเชย | òp-choie |
| | | |
| sésamo (m) | งา | ngaa |
| hoja (f) de laurel | ใบกระวาน | bai grà-waan |
| paprika (f) | พริกป่น | phrík bpòn |
| comino (m) | เทียนตากบ | thian dtaa gòp |
| azafrán (m) | หญ้าฝรั่น | yâa fà-ràn |

## 42. Las comidas

| | | |
|---|---|---|
| comida (f) | อาหาร | aa-hăan |
| comer (vi, vt) | กิน | gin |
| | | |
| desayuno (m) | อาหารเช้า | aa-hăan cháo |
| desayunar (vi) | ทานอาหารเช้า | thaan aa-hăan cháo |
| almuerzo (m) | ข้าวเที่ยง | khâao thîang |
| almorzar (vi) | ทานอาหารเที่ยง | thaan aa-hăan thîang |
| cena (f) | อาหารเย็น | aa-hăan yen |
| cenar (vi) | ทานอาหารเย็น | thaan aa-hăan yen |
| | | |
| apetito (m) | ความอยากอาหาร | kwaam yàak aa hăan |
| ¡Que aproveche! | กินให้อร่อย! | gin hâi a-ròi |
| | | |
| abrir (vt) | เปิด | bpèrt |
| derramar (líquido) | ทำหก | tham hòk |
| derramarse (líquido) | ทำหกออกมา | tham hòk òrk maa |
| hervir (vi) | ตูม | dtôm |
| hervir (vt) | ตูม | dtôm |
| hervido (agua ~a) | ตุ๋ม | dtôm |
| enfriar (vt) | แช่เย็น | châe yen |
| enfriarse (vr) | แช่เย็น | châe yen |
| | | |
| sabor (m) | รสชาติ | rót châat |
| regusto (m) | รส | rót |
| | | |
| adelgazar (vi) | ลดน้ำหนัก | lót nám nàk |
| dieta (f) | อาหารพิเศษ | aa-hăan phí-sàyt |
| vitamina (f) | วิตามิน | wí-dtaa-min |
| caloría (f) | แคลอรี่ | khae-lor-rêe |
| vegetariano (m) | คนกินเจ | khon gin jay |
| vegetariano (adj) | มังสวิรัติ | mang-sà-wí-rát |
| | | |
| grasas (f pl) | ไขมัน | khăi man |
| proteínas (f pl) | โปรตีน | bproh-dteen |
| carbohidratos (m pl) | คาร์โบไฮเดรต | kaa-boh-hai-dràyt |
| loncha (f) | แผ่น | phàen |
| pedazo (m) | ชิ้น | chín |
| miga (f) | เศษ | sàyt |

## 43. Los cubiertos

| | | |
|---|---|---|
| cuchara (f) | ช้อน | chórn |
| cuchillo (m) | มีด | mêet |
| tenedor (m) | สอม | sôrm |
| taza (f) | แก้ว | gâew |
| plato (m) | จาน | jaan |
| platillo (m) | จานรอง | jaan rorng |
| servilleta (f) | ผ้าเช็ดปาก | phâa chét bpàak |
| mondadientes (m) | ไม้จิ้มฟัน | máai jîm fan |

## 44. El restaurante

| | | |
|---|---|---|
| restaurante (m) | ร้านอาหาร | ráan aa-hăan |
| cafetería (f) | ร้านกาแฟ | ráan gaa-fae |
| bar (m) | ร้านเหล้า | ráan lâo |
| salón (m) de té | รานน้ำชา | ráan nám chaa |
| camarero (m) | คนเสิร์ฟชาย | khon sèrf chaai |
| camarera (f) | คนเสิร์ฟหญิง | khon sèrf yĭng |
| barman (m) | บาร์เทนเดอร์ | baa-thayn-dêr |
| carta (f), menú (m) | เมนู | may-noo |
| carta (f) de vinos | รายการไวน์ | raai gaan wai |
| reservar una mesa | จองโต๊ะ | jorng dtó |
| plato (m) | มื้ออาหาร | méu aa-hăan |
| pedir (vt) | สั่ง | sàng |
| hacer el pedido | สั่งอาหาร | sàng aa-hăan |
| aperitivo (m) | เครื่องดื่มเหล้า กอนอาหาร | khrêuang dèum lâo gòrn aa-hăan |
| entremés (m) | ของกินเล่น | khŏrng gin lâyn |
| postre (m) | ของหวาน | khŏrng wăan |
| cuenta (f) | คิดเงิน | khít ngern |
| pagar la cuenta | จ่ายค่าอาหาร | jàai khâa aa hăan |
| dar la vuelta | ให้เงินทอน | hâi ngern thorn |
| propina (f) | เงินทิป | ngern thíp |

# La familia nuclear, los parientes y los amigos

## 45. La información personal. Los formularios

| | | |
|---|---|---|
| nombre (m) | ชื่อ | chêu |
| apellido (m) | นามสกุล | naam sà-gun |
| fecha (f) de nacimiento | วันเกิด | wan gèrt |
| lugar (m) de nacimiento | สถานที่เกิด | sà-thǎan thêe gèrt |
| nacionalidad (f) | สัญชาติ | sǎn-châat |
| domicilio (m) | ที่อยู่อาศัย | thêe yòo aa-sǎi |
| país (m) | ประเทศ | bprà-thâyt |
| profesión (f) | อาชีพ | aa-chêep |
| sexo (m) | เพศ | phâyt |
| estatura (f) | ความสูง | khwaam sǒong |
| peso (m) | น้ำหนัก | nám nàk |

## 46. Los familiares. Los parientes

| | | |
|---|---|---|
| madre (f) | มารดา | maan-daa |
| padre (m) | บิดา | bì-daa |
| hijo (m) | ลูกชาย | lôok chaai |
| hija (f) | ลูกสาว | lôok sǎao |
| hija (f) menor | ลูกสาวคนเล็ก | lôok sǎao khon lék |
| hijo (m) menor | ลูกชายคนเล็ก | lôok chaai khon lék |
| hija (f) mayor | ลูกสาวคนโต | lôok sǎao khon dtoh |
| hijo (m) mayor | ลูกชายคนโต | lôok chaai khon dtoh |
| hermano (m) mayor | พี่ชาย | phêe chaai |
| hermano (m) menor | น้องชาย | nórng chaai |
| hermana (f) mayor | พี่สาว | phêe sǎao |
| hermana (f) menor | น้องสาว | nórng sǎao |
| primo (m) | ลูกพี่ลูกน้อง | lôok phêe lôok nórng |
| prima (f) | ลูกพี่ลูกน้อง | lôok phêe lôok nórng |
| mamá (f) | แม่ | mâe |
| papá (m) | พ่อ | phôr |
| padres (m pl) | พ่อแม่ | phôr mâe |
| niño -a (m, f) | เด็ก, ลูก | dèk, lôok |
| niños (m pl) | เด็กๆ | dèk dèk |
| abuela (f) | ย่า, ยาย | yâa, yaai |
| abuelo (m) | ปู่, ตา | bpòo, dtaa |
| nieto (m) | หลานชาย | lǎan chaai |
| nieta (f) | หลานสาว | lǎan sǎao |

| | | |
|---|---|---|
| nietos (m pl) | หลานๆ | lǎan |
| tío (m) | ลุง | lung |
| tía (f) | ป้า | bpâa |
| sobrino (m) | หลานชาย | lǎan chaai |
| sobrina (f) | หลานสาว | lǎan sǎao |
| | | |
| suegra (f) | แม่ยาย | mâe yaai |
| suegro (m) | พ่อสามี | phôr sǎa-mee |
| yerno (m) | ลูกเขย | lôok khǒie |
| madrastra (f) | แม่เลี้ยง | mâe líang |
| padrastro (m) | พ่อเลี้ยง | phôr líang |
| | | |
| niño (m) de pecho | ทารก | thaa-rók |
| bebé (m) | เด็กเล็ก | dèk lék |
| chico (m) | เด็ก | dèk |
| | | |
| mujer (f) | ภรรยา | phan-rá-yaa |
| marido (m) | สามี | sǎa-mee |
| esposo (m) | สามี | sǎa-mee |
| esposa (f) | ภรรยา | phan-rá-yaa |
| | | |
| casado (adj) | แต่งงานแล้ว | dtàeng ngaan láew |
| casada (adj) | แตงงานแลว | dtàeng ngaan láew |
| soltero (adj) | เป็นโสด | bpen sòht |
| soltero (m) | ชายโสด | chaai sòht |
| divorciado (adj) | หย่าแล้ว | yàa láew |
| viuda (f) | แม่หม้าย | mâe mâai |
| viudo (m) | พ่อหม้าย | phôr mâai |
| | | |
| pariente (m) | ญาติ | yâat |
| pariente (m) cercano | ญาติใกล้ชิด | yâat glâi chít |
| pariente (m) lejano | ญาติห่างๆ | yâat hàang hàang |
| parientes (m pl) | ญาติๆ | yâat |
| | | |
| huérfano (m) | เด็กชายกำพร้า | dèk chaai gam phráa |
| huérfana (f) | เด็กหญิงกำพรา | dèk yǐng gam phráa |
| tutor (m) | ผู้ปกครอง | phôo bpòk khrorng |
| adoptar (un niño) | บุญธรรม | bun tham |
| adoptar (una niña) | บุญธรรม | bun tham |

# La medicina

## 47. Las enfermedades

| | | |
|---|---|---|
| enfermedad (f) | โรค | rôhk |
| estar enfermo | ป่วย | bpùay |
| salud (f) | สุขภาพ | sùk-khà-phâap |
| | | |
| resfriado (m) (coriza) | น้ำมูกไหล | nám môok lǎi |
| angina (f) | ตอมทอนซิลอักเสบ | dtòm thorn-sin àk-sàyp |
| resfriado (m) | หวัด | wàt |
| resfriarse (vr) | เป็นหวัด | bpen wàt |
| | | |
| bronquitis (f) | โรคหลอดลมอักเสบ | rôhk lòrt lom àk-sàyp |
| pulmonía (f) | โรคปอดบวม | rôhk bpòrt-buam |
| gripe (f) | ไขหวัดใหญ่ | khâi wàt yài |
| | | |
| miope (adj) | สายตาสั้น | sǎai dtaa sân |
| présbita (adj) | สายตายาว | sǎai dtaa yaao |
| estrabismo (m) | ตาเหล | dtaa làe |
| estrábico (m) (adj) | เป็นตาเหล่ | bpen dtaa kǎe rǔe làe |
| catarata (f) | ต้อกระจก | dtôr grà-jòk |
| glaucoma (f) | ต้อหิน | dtôr hǐn |
| | | |
| insulto (m) | โรคหลอดเลือดสมอง | rôhk lòrt lêuat sà-mǒrng |
| ataque (m) cardiaco | อาการหัวใจวาย | aa-gaan hǔa jai waai |
| infarto (m) de miocardio | กล้ามเนื้อหัวใจตาย | glâam néua hǔa jai dtaai |
| | เหตุขาดเลือด | hàyt khàat lêuat |
| parálisis (f) | อัมพาต | am-má-phâat |
| paralizar (vt) | ทำให้เป็นอัมพาต | tham hâi bpen am-má-phâat |
| | | |
| alergia (f) | ภูมิแพ้ | phoom pháe |
| asma (f) | โรคหืด | rôhk hèut |
| diabetes (m) | โรคเบาหวาน | rôhk bao wǎan |
| | | |
| dolor (m) de muelas | อาการปวดฟัน | aa-gaan bpùat fan |
| caries (f) | ฟันผุ | fan phù |
| | | |
| diarrea (f) | อาการท้องเสีย | aa-gaan thórng sǐa |
| estreñimiento (m) | อาการท้องผูก | aa-gaan thórng phòok |
| molestia (f) estomacal | อาการปวดท้อง | aa-gaan bpùat thórng |
| envenenamiento (m) | ภาวะอาหารเป็นพิษ | phaa-wá aa hǎan bpen pít |
| envenenarse (vr) | กินอาหารเป็นพิษ | gin aa hǎan bpen phít |
| | | |
| artritis (f) | โรคข้ออักเสบ | rôhk khôr àk-sàyp |
| raquitismo (m) | โรคกระดูกออน | rôhk grà-dòok òrn |
| reumatismo (m) | โรครูมาติก | rôhk roo-maa-dtìk |
| ateroesclerosis (f) | ภาวะหลอดเลือดแข็ง | phaa-wá lòrt lêuat khǎeng |
| gastritis (f) | โรคกระเพาะอาหาร | rôhk grà-phór aa-hǎan |
| apendicitis (f) | ไส้ติ่งอักเสบ | sâi dtìng àk-sàyp |

| | | |
|---|---|---|
| colecistitis (m) | โรคถุงน้ำดีอักเสบ | rôhk thŭng nám dee àk-sàyp |
| úlcera (f) | แผลเปื่อย | phlăe bpèuay |
| | | |
| sarampión (m) | โรคหัด | rôhk hàt |
| rubeola (f) | โรคหัดเยอรมัน | rôhk hàt yer-rá-man |
| ictericia (f) | โรคดีซาน | rôhk dee sâan |
| hepatitis (f) | โรคตับอักเสบ | rôhk dtàp àk-sàyp |
| | | |
| esquizofrenia (f) | โรคจิตเภท | rôhk jìt-dtà-phâyt |
| rabia (f) (hidrofobia) | โรคพิษสุนัขบ้า | rôhk phít sù-nák bâa |
| neurosis (f) | โรคประสาท | rôhk bprà-sàat |
| conmoción (m) cerebral | สมองกระทบ กระเทือน | sà-mŏrng grà-thóp grà-theuan |
| | | |
| cáncer (m) | มะเร็ง | má-reng |
| esclerosis (f) | การแข็งตัวของ เนื้อเยื่อรางกาย | gaan kăeng dtua kŏng néua yêua râang gaai |
| esclerosis (m) múltiple | โรคปลอกประสาท เสื่อมแข็ง | rôhk bplòk bprà-sàat sèuam kăeng |
| | | |
| alcoholismo (m) | โรคพิษสุราเรื้อรัง | rôhk phít sù-raa réua rang |
| alcohólico (m) | คนขี้เหลา | khon khêe lâo |
| sífilis (f) | โรคซิฟิลิส | rôhk sí-fí-lít |
| SIDA (f) | โรคเอดส | rôhk àyt |
| | | |
| tumor (m) | เนื้องอก | néua ngôk |
| maligno (adj) | ราย | ráai |
| benigno (adj) | ไมราย | mâi ráai |
| | | |
| fiebre (f) | ไข้ | khâi |
| malaria (f) | ไข้มาลาเรีย | kâi maa-laa-ria |
| gangrena (f) | เนื้อตายเนา | néua dtaai nâo |
| mareo (m) | ภาวะเมวูคลื่น | phaa-wá mao khlêun |
| epilepsia (f) | โรคลมบาหมู | rôhk lom bâa-mŏo |
| | | |
| epidemia (f) | โรคระบาด | rôhk rá-bàat |
| tifus (m) | โรครากสาดใหญ่ | rôhk râak-sàat yài |
| tuberculosis (f) | วัณโรค | wan-ná-rôhk |
| cólera (f) | อหิวาตกโรค | a-hì-wâat-gà-rôhk |
| peste (f) | กาฬโรค | gaan-lá-rôhk |

## 48. Los síntomas. Los tratamientos. Unidad 1

| | | |
|---|---|---|
| síntoma (m) | อาการ | aa-gaan |
| temperatura (f) | อุณหภูมิ | un-hà-phoom |
| fiebre (f) | อุณหภูมิสูง | un-hà-phoom sŏong |
| pulso (m) | ชีพจร | chêep-phá-jon |
| | | |
| mareo (m) (vértigo) | อาการเวียนหัว | aa-gaan wian hŭa |
| caliente (adj) | รอน | rórn |
| escalofrío (m) | หนาวสั่น | năao sàn |
| pálido (adj) | หนาเซียว | nâa sieow |
| tos (f) | การไอ | gaan ai |
| toser (vi) | ไอ | ai |

| | | |
|---|---|---|
| estornudar (vi) | จาม | jaam |
| desmayo (m) | การเป็นลม | gaan bpen lom |
| desmayarse (vr) | เป็นลม | bpen lom |
| | | |
| moradura (f) | ฟกช้ำ | fók chám |
| chichón (m) | บวม | buam |
| golpearse (vr) | ชน | chon |
| magulladura (f) | รอยฟกช้ำ | roi fók chám |
| magullarse (vr) | ได้รอยช้ำ | dâai roi chám |
| | | |
| cojear (vi) | กะเผลกกะเผลก | gà-phlòhk-gà-phlàyk |
| dislocación (f) | ขอหลุด | khôr lùt |
| dislocar (vt) | ทำขอหลุด | tham khôr lùt |
| fractura (f) | กระดูกหัก | grà-dòok hàk |
| tener una fractura | หักกระดูก | hàk grà-dòok |
| | | |
| corte (m) (tajo) | รอยบาด | roi bàat |
| cortarse (vr) | ทำบาด | tham bàat |
| hemorragia (f) | การเลือดไหล | gaan lêuat lǎi |
| | | |
| quemadura (f) | แผลไฟไหม้ | phlǎe fai mâi |
| quemarse (vr) | ได้รับแผลไฟไหม้ | dâai ráp phlǎe fai mâi |
| | | |
| pincharse (el dedo) | ตำ | dtam |
| pincharse (vr) | ตำตัวเอง | dtam dtua ayng |
| herir (vt) | ทำให้บาดเจ็บ | tham hâi bàat jèp |
| herida (f) | การบาดเจ็บ | gaan bàat jèp |
| lesión (f) (herida) | แผล | phlǎe |
| trauma (m) | แผลบาดเจ็บ | phlǎe bàat jèp |
| | | |
| delirar (vi) | คลุ้มคลั่ง | khlúm khlâng |
| tartamudear (vi) | พูดตะกุกตะกัก | phôot dtà-gùk-dtà-gàk |
| insolación (f) | โรคลมแดด | rôhk lom dàet |

## 49. Los síntomas. Los tratamientos. Unidad 2

| | | |
|---|---|---|
| dolor (m) | ความเจ็บปวด | khwaam jèp bpùat |
| astilla (f) | เสี้ยน | sîan |
| | | |
| sudor (m) | เหงื่อ | ngèua |
| sudar (vi) | เหงื่อออก | ngèua òrk |
| vómito (m) | การอาเจียน | gaan aa-jian |
| convulsiones (f) | การชัก | gaan chák |
| | | |
| embarazada (adj) | ตั้งครรภ์ | dtâng khan |
| nacer (vi) | เกิด | gèrt |
| parto (m) | การคลอด | gaan khlôrt |
| dar a luz | คลอดบุตร | khlôrt bùt |
| aborto (m) | การแท้งบุตร | gaan tháeng bùt |
| | | |
| respiración (f) | การหายใจ | gaan hǎai-jai |
| inspiración (f) | การหายใจเข้า | gaan hǎai-jai khâo |
| espiración (f) | การหายใจออก | gaan hǎai-jai òrk |
| espirar (vi) | หายใจออก | hǎai-jai òrk |

| inspirar (vi) | หายใจเข้า | hǎai-jai khâo |
| inválido (m) | คนพิการ | khon phí-gaan |
| mutilado (m) | พิการ | phí-gaan |
| drogadicto (m) | ผู้ติดยาเสพติด | phôo dtìt yaa-sàyp-dtìt |

| sordo (adj) | หูหนวก | hǒo nùak |
| mudo (adj) | เป็นใบ้ | bpen bâi |
| sordomudo (adj) | หูหนวกเป็นใบ้ | hǒo nùak bpen bâi |

| loco (adj) | บ้า | bâa |
| loco (m) | คนบ้า | khon bâa |
| loca (f) | คนบ้า | khon bâa |
| volverse loco | เสียสติ | sǐa sà-dtì |

| gen (m) | ยีน | yeun |
| inmunidad (f) | ภูมิคุ้มกัน | phoom khúm gan |
| hereditario (adj) | เป็นกรรมพันธุ์ | bpen gam-má-phan |
| de nacimiento (adj) | แต่กำเนิด | dtàe gam-nèrt |

| virus (m) | เชื้อไวรัส | chéua wai-rát |
| microbio (m) | จุลินทรีย์ | jù-lin-see |
| bacteria (f) | แบคทีเรีย | bàek-tee-ria |
| infección (f) | การติดเชื้อ | gaan dtìt chéua |

## 50. Los síntomas. Los tratamientos. Unidad 3

| hospital (m) | โรงพยาบาล | rohng phá-yaa-baan |
| paciente (m) | ผู้ป่วย | phôo bpùay |

| diagnosis (f) | การวินิจฉัยโรค | gaan wí-nít-chǎi rôhk |
| cura (f) | การรักษา | gaan rák-sǎa |
| tratamiento (m) | การรักษา ทางการแพทย์ | gaan rák-sǎa thaang gaan phâet |
| curarse (vr) | รับการรักษา | ráp gaan rák-sǎa |
| tratar (vt) | รักษา | rák-sǎa |
| cuidar (a un enfermo) | รักษา | rák-sǎa |
| cuidados (m pl) | การดูแลรักษา | gaan doo lae rák-sǎa |

| operación (f) | การผ่าตัด | gaan phàa dtàt |
| vendar (vt) | พันแผล | phan phlǎe |
| vendaje (m) | การพันแผล | gaan phan phlǎe |

| vacunación (f) | การฉีดวัคซีน | gaan chèet wák-seen |
| vacunar (vt) | ฉีดวัคซีน | chèet wák-seen |
| inyección (f) | การฉีดยา | gaan chèet yaa |
| aplicar una inyección | ฉีดยา | chèet yaa |

| ataque (m) | มีอาการเฉียบพลัน | mee aa-gaan chìap phlan |
| amputación (f) | การตัดอวัยวะออก | gaan dtàt a-wai-wá òrk |
| amputar (vt) | ตัด | dtàt |
| coma (m) | อาการโคม่า | aa-gaan khoh-mâa |
| estar en coma | อยู่ในอาการโคม่า | yòo nai aa-gaan khoh-mâa |
| revitalización (f) | หน่วยอภิบาล | nùay à-phí-baan |
| recuperarse (vr) | ฟื้นตัว | féun dtua |

| estado (m) (de salud) | อาการ | aa-gaan |
| consciencia (f) | สติสัมปชัญญะ | sà-dtì săm-bpà-chan-yá |
| memoria (f) | ความทรงจำ | khwaam song jam |

| extraer (un diente) | ถอน | thŏrn |
| empaste (m) | การอุด | gaan ùt |
| empastar (vt) | อุด | ùt |

| hipnosis (f) | การสะกดจิต | gaan sà-gòt jìt |
| hipnotizar (vt) | สะกดจิต | sà-gòt jìt |

## 51. Los médicos

| médico (m) | แพทย์ | phâet |
| enfermera (f) | พยาบาล | phá-yaa-baan |
| médico (m) personal | แพทย์สวนตัว | phâet sùan dtua |

| dentista (m) | ทันตแพทย์ | than-dtà phâet |
| oftalmólogo (m) | จักษุแพทย์ | jàk-sù phâet |
| internista (m) | อายุรแพทย์ | aa-yú-rá-phâet |
| cirujano (m) | ศัลยแพทย์ | săn-yá-phâet |

| psiquiatra (m) | จิตแพทย์ | jìt-dtà-phâet |
| pediatra (m) | กุมารแพทย์ | gù-maan phâet |
| psicólogo (m) | นักจิตวิทยา | nák jìt wít-thá-yaa |
| ginecólogo (m) | นรีแพทย์ | ná-ree phâet |
| cardiólogo (m) | หทัยแพทย์ | hà-thai phâet |

## 52. La medicina. Las drogas. Los accesorios

| medicamento (m), droga (f) | ยา | yaa |
| remedio (m) | ยา | yaa |
| prescribir (vt) | จ่ายยา | jàai yaa |
| receta (f) | ใบสั่งยา | bai sàng yaa |

| tableta (f) | ยาเม็ด | yaa mét |
| ungüento (m) | ยาทา | yaa thaa |
| ampolla (f) | หลอดยา | lòrt yaa |
| mixtura (f), mezcla (f) | ยาส่วนผสม | yaa sùan phà-sŏm |
| sirope (m) | น้ำเชื่อม | nám chêuam |
| píldora (f) | ยาเม็ด | yaa mét |
| polvo (m) | ยาผง | yaa phŏng |

| venda (f) | ผ้าพันแผล | phâa phan phlăe |
| algodón (m) (discos de ~) | สำลี | săm-lee |
| yodo (m) | ไอโอดีน | ai oh-deen |

| tirita (f), curita (f) | พลาสเตอร์ | phláat-dtêr |
| pipeta (f) | ที่หยอดตา | thêe yòrt dtaa |
| termómetro (m) | ปรอท | bpa -ròrt |
| jeringa (f) | เข็มฉีดยา | khĕm chèet-yaa |
| silla (f) de ruedas | รถเข็นคนพิการ | rót khĕn khon phí-gaan |

| muletas (f pl) | ไม้ค้ำยัน | máai khám yan |
| anestésico (m) | ยาแก้ปวด | yaa gâe bpùat |
| purgante (m) | ยาระบาย | yaa rá-baai |
| alcohol (m) | เอธานอล | ay-thaa-norn |
| hierba (f) medicinal | สมุนไพร ทางการแพทย์ | sà-mǔn phrai thaang gaan phâet |
| de hierbas (té ~) | สมุนไพร | sà-mǔn phrai |

# EL AMBIENTE HUMANO

## La ciudad

### 53. La ciudad. La vida en la ciudad

| | | |
|---|---|---|
| ciudad (f) | เมือง | meuang |
| capital (f) | เมืองหลวง | meuang lǔang |
| aldea (f) | หมู่บ้าน | mòo bâan |
| | | |
| plano (m) de la ciudad | แผนที่เมือง | phǎen thêe meuang |
| centro (m) de la ciudad | ใจกลางเมือง | jai glaang-meuang |
| suburbio (m) | ชานเมือง | chaan meuang |
| suburbano (adj) | ชานเมือง | chaan meuang |
| | | |
| arrabal (m) | รอบนอกเมือง | rôrp nôrk meuang |
| afueras (f pl) | เขตรอบเมือง | khàyt rôrp-meuang |
| barrio (m) | บล็อกผังเมือง | blòrk phǎng meuang |
| zona (f) de viviendas | บล็อกที่อยู่อาศัย | blòrk thêe yòo aa-sǎi |
| | | |
| tráfico (m) | การจราจร | gaan jà-raa-jon |
| semáforo (m) | ไฟจราจร | fai jà-raa-jon |
| transporte (m) urbano | ขนส่งมวลชน | khǒn sòng muan chon |
| cruce (m) | สี่แยก | sèe yâek |
| | | |
| paso (m) de peatones | ทางม้าลาย | thaang máa laai |
| paso (m) subterráneo | อุโมงค์คนเดิน | u-mohng kon dern |
| cruzar (vt) | ข้าม | khâam |
| peatón (m) | คนเดินเท้า | khon dern tháo |
| acera (f) | ทางเทา | thaang tháo |
| | | |
| puente (m) | สะพาน | sà-phaan |
| muelle (m) | ทางเลียบแม่น้ำ | thaang lîap mâe náam |
| fuente (f) | น้ำพุ | nám phú |
| | | |
| alameda (f) | ทางเลียบสวน | thaang lîap sǔan |
| parque (m) | สวน | sǔan |
| bulevar (m) | ถนนกว้าง | thà-nǒn gwâang |
| plaza (f) | จัตุรัส | jàt-dtù-ràt |
| avenida (f) | ถนนใหญ่ | thà-nǒn yài |
| calle (f) | ถนน | thà-nǒn |
| callejón (m) | ซอย | soi |
| callejón (m) sin salida | ทางตัน | thaang dtan |
| | | |
| casa (f) | บ้าน | bâan |
| edificio (m) | อาคาร | aa-khaan |
| rascacielos (m) | ตึกระฟ้า | dtèuk rá-fáa |
| fachada (f) | ด้านหน้าอาคาร | dâan-nâa aa-khaan |
| techo (m) | หลังคา | lǎng khaa |

| | | |
|---|---|---|
| ventana (f) | หน้าต่าง | nâa dtàang |
| arco (m) | ซุ้มประตู | súm bprà-dtoo |
| columna (f) | เสา | săo |
| esquina (f) | มุม | mum |

| | | |
|---|---|---|
| escaparate (f) | หน้าต่างร้านค้า | nâa dtàang ráan kháa |
| letrero (m) (~ luminoso) | ป้ายร้าน | bpâai ráan |
| cartel (m) | โปสเตอร์ | bpòht-dtêr |
| cartel (m) publicitario | ป้ายโฆษณา | bpâai khôht-sà-naa |
| valla (f) publicitaria | กระดานปิดประกาศโฆษณา | grà-daan bpìt bprà-gàat khôht-sà-naa |

| | | |
|---|---|---|
| basura (f) | ขยะ | khà-yà |
| cajón (m) de basura | ถังขยะ | thăng khà-yà |
| tirar basura | ทิ้งขยะ | thíng khà-yà |
| basurero (m) | ที่ทิ้งขยะ | thêe thíng khà-yà |

| | | |
|---|---|---|
| cabina (f) telefónica | ตู้โทรศัพท์ | dtôo thoh-rá-sàp |
| farola (f) | เสาโคม | săo khohm |
| banco (m) (del parque) | ม้านั่ง | máa nâng |

| | | |
|---|---|---|
| policía (m) | เจ้าหน้าที่ตำรวจ | jâo nâa-thêe dtam-rùat |
| policía (f) (~ nacional) | ตำรวจ | dtam-rùat |
| mendigo (m) | ขอทาน | khŏr thaan |
| persona (f) sin hogar | คนไร้บ้าน | khon rái bâan |

## 54. Las instituciones urbanas

| | | |
|---|---|---|
| tienda (f) | ร้านค้า | ráan kháa |
| farmacia (f) | ร้านขายยา | ráan khăai yaa |
| óptica (f) | ร้านตัดแว่น | ráan dtàt wâen |
| centro (m) comercial | ศูนย์การค้า | sŏon gaan kháa |
| supermercado (m) | ซูเปอร์มาร์เก็ต | soo-bper-maa-gèt |

| | | |
|---|---|---|
| panadería (f) | ร้านขนมปัง | ráan khà-nŏm bpang |
| panadero (m) | คนอบขนมปัง | khon òp khà-nŏm bpang |
| pastelería (f) | ร้านขนม | ráan khà-nŏm |
| tienda (f) de comestibles | ร้านขายของชำ | ráan khăai khŏrng cham |
| carnicería (f) | ร้านขายเนื้อ | ráan khăai néua |

| | | |
|---|---|---|
| verdulería (f) | ร้านขายผัก | ráan khăai phàk |
| mercado (m) | ตลาด | dtà-làat |

| | | |
|---|---|---|
| cafetería (f) | ร้านกาแฟ | ráan gaa-fae |
| restaurante (m) | ร้านอาหาร | ráan aa-hăan |
| cervecería (f) | บาร์ | baa |
| pizzería (f) | ร้านพิซซ่า | ráan phís-sâa |

| | | |
|---|---|---|
| peluquería (f) | ร้านทำผม | ráan tham phŏm |
| oficina (f) de correos | โรงไปรษณีย์ | rohng bprai-sà-nee |
| tintorería (f) | ร้านซักแห้ง | ráan sák hâeng |
| estudio (m) fotográfico | ห้องถ่ายภาพ | hôrng thàai phâap |
| zapatería (f) | ร้านขายรองเท้า | ráan khăai rorng táo |
| librería (f) | ร้านขายหนังสือ | ráan khăai năng-sĕu |

| | | |
|---|---|---|
| tienda (f) deportiva | ร้านขายอุปกรณ์กีฬา | ráan khǎai u-bpà-gon gee-laa |
| arreglos (m pl) de ropa | ร้านซ่อมเสื้อผ้า | ráan sôrm sêua phâa |
| alquiler (m) de ropa | ร้านเช่าเสื้อออกงาน | ráan châo sêua òrk ngaan |
| videoclub (m) | รานเช่าวิดีโอ | ráan châo wí-dee-oh |
| | | |
| circo (m) | โรงละครสัตว์ | rohng lá-khon sàt |
| zoo (m) | สวนสัตว์ | sǔan sàt |
| cine (m) | โรงภาพยนตร์ | rohng phâap-phá-yon |
| museo (m) | พิพิธภัณฑ์ | phí-phítha phan |
| biblioteca (f) | หองสมุด | hôrng sà-mùt |
| | | |
| teatro (m) | โรงละคร | rohng lá-khon |
| ópera (f) | โรงอุปรากร | rohng ù-bpà-raa-gon |
| club (m) nocturno | ไนท์คลับ | nai-khláp |
| casino (m) | คาสิโน | khaa-sì-noh |
| | | |
| mezquita (f) | สุเหร่า | sù-rào |
| sinagoga (f) | โบสถ์ยิว | bòht yiw |
| catedral (f) | อาสนวิหาร | aa sǒn wí-hǎan |
| templo (m) | วิหาร | wí-hǎan |
| iglesia (f) | โบสถ์ | bòht |
| | | |
| instituto (m) | วิทยาลัย | wít-thá-yaa-lai |
| universidad (f) | มหาวิทยาลัย | má-hǎa wít-thá-yaa-lai |
| escuela (f) | โรงเรียน | rohng rian |
| | | |
| prefectura (f) | ศาลากลางจังหวัด | sǎa-laa glaang jang-wàt |
| alcaldía (f) | ศาลาเทศบาล | sǎa-laa thâyt-sà-baan |
| hotel (m) | โรงแรม | rohng raem |
| banco (m) | ธนาคาร | thá-naa-khaan |
| | | |
| embajada (f) | สถานทูต | sà-thǎan thôot |
| agencia (f) de viajes | บริษัทท้วร์ | bor-rí-sàt thua |
| oficina (f) de información | สำนักงาน | sǎm-nák ngaan |
| | ศูนย์ข้อมูล | sǒon khôr moon |
| oficina (f) de cambio | รานแลกเงิน | ráan lâek ngern |
| | | |
| metro (m) | รถไฟใต้ดิน | rót fai dtâi din |
| hospital (m) | โรงพยาบาล | rohng phá-yaa-baan |
| | | |
| gasolinera (f) | ปั้มน้ำมัน | bpám náam man |
| aparcamiento (m) | ลานจอดรถ | laan jòrt rót |

## 55. Los avisos

| | | |
|---|---|---|
| letrero (m) (≈ luminoso) | ป้ายร้าน | bpâai ráan |
| cartel (m) (texto escrito) | ป้ายเตือน | bpâai dteuan |
| pancarta (f) | โปสเตอร์ | bpòht-dtêr |
| signo (m) de dirección | ป้ายบอกทาง | bpâai bòrk thaang |
| flecha (f) (signo) | ลูกศร | lôok sǒn |
| | | |
| advertencia (f) | คำเตือน | kham dteuan |
| aviso (m) | ป้ายเตือน | bpâai dteuan |
| advertir (vt) | เตือน | dteuan |

| | | |
|---|---|---|
| día (m) de descanso | วันหยุด | wan yùt |
| horario (m) | ตารางเวลา | dtaa-raang way-laa |
| horario (m) de apertura | เวลาทำการ | way-laa tham gaan |
| | | |
| ¡BIENVENIDOS! | ยินดีต้อนรับ! | yin dee dtôrn ráp |
| ENTRADA | ทางเขา | thaang khâo |
| SALIDA | ทางออก | thaang òrk |
| | | |
| EMPUJAR | ผลัก | phlàk |
| TIRAR | ดึง | deung |
| ABIERTO | เปิด | bpèrt |
| CERRADO | ปิด | bpìt |
| | | |
| MUJERES | หญิง | yǐng |
| HOMBRES | ชาย | chaai |
| | | |
| REBAJAS | ลดราคา | lót raa-khaa |
| SALDOS | ขายของลดราคา | khǎai khǒrng lót raa-khaa |
| NOVEDAD | ใหม่! | mài |
| GRATIS | ฟรี | free |
| | | |
| ¡ATENCIÓN! | โปรดทราบ! | bpròht sâap |
| COMPLETO | ไม่มีห้องว่าง | mâi mee hôrng wâang |
| RESERVADO | จองแล้ว | jorng láew |
| | | |
| ADMINISTRACIÓN | สำนักงาน | sǎm-nák ngaan |
| SÓLO PERSONAL AUTORIZADO | เฉพาะพนักงาน | chà-phór phá-nák ngaan |
| | | |
| CUIDADO CON EL PERRO | ระวังสุนัข! | rá-wang sù-nák |
| PROHIBIDO FUMAR | ห้ามสูบบุหรี่ | hâam sòop bù rèe |
| NO TOCAR | ห้ามแตะ! | hâam dtàe |
| | | |
| PELIGROSO | อันตราย | an-dtà-raai |
| PELIGRO | อันตราย | an-dtà-raai |
| ALTA TENSIÓN | ไฟฟ้าแรงสูง | fai fáa raeng sǒong |
| PROHIBIDO BAÑARSE | ห้ามว่ายน้ำ! | hâam wâai náam |
| NO FUNCIONA | เสีย | sǐa |
| | | |
| INFLAMABLE | อันตรายติดไฟ | an-dtà-raai dtìt fai |
| PROHIBIDO | ห้าม | hâam |
| PROHIBIDO EL PASO | ห้ามผ่าน! | hâam phàan |
| RECIÉN PINTADO | สีพื้นเปียก | sěe phéun bpìak |

## 56. El transporte urbano

| | | |
|---|---|---|
| autobús (m) | รถเมล์ | rót may |
| tranvía (m) | รถราง | rót raang |
| trolebús (m) | รถโดยสารประจำทางไฟฟ้า | rót doi sǎan bprà-jam thaang fai fáa |
| itinerario (m) | เส้นทาง | sên thaang |
| número (m) | หมวยเลข | mǎai lâyk |
| ir en … | ไปด้วย | bpai dûay |
| tomar (~ el autobús) | ขึ้น | khêun |

| | | |
|---|---|---|
| bajar (~ del tren) | ลง | long |
| parada (f) | ป้าย | bpâai |
| próxima parada (f) | ป้ายถัดไป | bpâai thàt bpai |
| parada (f) final | ป้ายสุดท้าย | bpâai sùt tháai |
| horario (m) | ตารางเวลา | dtaa-raang way-laa |
| esperar (aguardar) | รอ | ror |
| | | |
| billete (m) | ตั๋ว | dtŭa |
| precio (m) del billete | ค่าตั๋ว | khâa dtŭa |
| | | |
| cajero (m) | คนขายตั๋ว | khon khăai dtŭa |
| control (m) de billetes | การตรวจตั๋ว | gaan dtrùat dtŭa |
| cobrador (m) | พนักงานตรวจตั๋ว | phá-nák ngaan dtrùat dtŭa |
| | | |
| llegar tarde (vi) | ไปสาย | bpai săai |
| perder (~ el tren) | พลาด | phlâat |
| tener prisa | รีบเร่ง | rêep râyng |
| | | |
| taxi (m) | แท็กซี่ | tháek-sêe |
| taxista (m) | คนขับแท็กซี่ | khon khàp tháek-sêe |
| en taxi | โดยแท็กซี่ | doi tháek-sêe |
| parada (f) de taxi | ป้ายจอดแท็กซี่ | bpâai jòrt tháek sêe |
| llamar un taxi | เรียกแท็กซี่ | rîak tháek sêe |
| tomar un taxi | ขึ้นรถแท็กซี่ | khêun rót tháek-sêe |
| | | |
| tráfico (m) | การจราจร | gaan jà-raa-jon |
| atasco (m) | การจราจรติดขัด | gaan jà-raa-jon dtìt khàt |
| horas (f pl) de punta | ชั่วโมงเร่งด่วน | chûa mohng râyng dùan |
| aparcar (vi) | จอด | jòrt |
| aparcar (vt) | จอด | jòrt |
| aparcamiento (m) | ลานจอดรถ | laan jòrt rót |
| | | |
| metro (m) | รถไฟใต้ดิน | rót fai dtâi din |
| estación (f) | สถานี | sà-thăa-nee |
| ir en el metro | ขึ้นรถไฟใต้ดิน | khêun rót fai dtâi din |
| tren (m) | รถไฟ | rót fai |
| estación (f) | สถานีรถไฟ | sà-thăa-nee rót fai |

## 57. La exploración del paisaje

| | | |
|---|---|---|
| monumento (m) | อนุสาวรีย์ | a-nú-săa-wá-ree |
| fortaleza (f) | ป้อม | bpôrm |
| palacio (m) | วัง | wang |
| castillo (m) | ปราสาท | bpraa-sàat |
| torre (f) | หอ | hŏr |
| mausoleo (m) | สุสาน | sù-săan |
| | | |
| arquitectura (f) | สถาปัตยกรรม | sà-thăa-bpàt-dtà-yá-gam |
| medieval (adj) | ยุคกลาง | yúk glaang |
| antiguo (adj) | โบราณ | boh-raan |
| nacional (adj) | แห่งชาติ | hàeng châat |
| conocido (adj) | ที่มีชื่อเสียง | thêe mee chêu-sĭang |
| turista (m) | นักท่องเที่ยว | nák thôrng thîeow |
| guía (m) (persona) | มัคคุเทศก์ | mák-khú-thâyt |

| | | |
|---|---|---|
| excursión (f) | ทัศนศึกษา | thát-sà-ná-sèuk-sǎa |
| mostrar (vt) | แสดง | sà-daeng |
| contar (una historia) | เลา | lâo |

| | | |
|---|---|---|
| encontrar (hallar) | หาพบ | hǎa phóp |
| perderse (vr) | หลงทาง | lǒng thaang |
| plano (m) (~ de metro) | แผนที่ | phǎen thêe |
| mapa (m) (~ de la ciudad) | แผนที่ | phǎen thêe |

| | | |
|---|---|---|
| recuerdo (m) | ของที่ระลึก | khǒrng thêe rá-léuk |
| tienda (f) de regalos | รานขาย | ráan khǎai |
| | ของที่ระลึก | khǒrng thêe rá-léuk |
| hacer fotos | ถ่ายภาพ | thàai phâap |
| fotografiarse (vr) | ได้รับการ | dâai ráp gaan |
| | ถายภาพให | thàai phâap hâi |

## 58. Las compras

| | | |
|---|---|---|
| comprar (vt) | ซื้อ | séu |
| compra (f) | ของซื้อ | khǒrng séu |
| hacer compras | ไปซื้อของ | bpai séu khǒrng |
| compras (f pl) | การชอปปิ้ง | gaan chôp bping |

| | | |
|---|---|---|
| estar abierto (tienda) | เปิด | bpèrt |
| estar cerrado | ปิด | bpìt |

| | | |
|---|---|---|
| calzado (m) | รองเท้า | rorng tháo |
| ropa (f), vestido (m) | เสื้อผา | sêua phâa |
| cosméticos (m pl) | เครื่องสำอาง | khrêuang sǎm-aang |
| productos alimenticios | อาหาร | aa-hǎan |
| regalo (m) | ของขวัญ | khǒrng khwǎn |

| | | |
|---|---|---|
| vendedor (m) | พนักงานขาย | phá-nák ngaan khǎai |
| vendedora (f) | พนักงานขาย | phá-nák ngaan khǎai |

| | | |
|---|---|---|
| caja (f) | ที่จ่ายเงิน | thêe jàai ngern |
| espejo (m) | กระจก | grà-jòk |
| mostrador (m) | เคาน์เตอร์ | khao-dtêr |
| probador (m) | หองลองเสื้อผา | hôrng lorng sêua phâa |

| | | |
|---|---|---|
| probar (un vestido) | ลอง | lorng |
| quedar (una ropa, etc.) | เหมาะ | mò |
| gustar (vi) | ชอบ | chôrp |

| | | |
|---|---|---|
| precio (m) | ราคา | raa-khaa |
| etiqueta (f) de precio | ป้ายราคา | bpâai raa-khaa |
| costar (vt) | ราคา | raa-khaa |
| ¿Cuánto? | ราคาเท่าไหร่? | raa-khaa thâo rài |
| descuento (m) | ลดราคา | lót raa-khaa |

| | | |
|---|---|---|
| no costoso (adj) | ไม่แพง | mâi phaeng |
| barato (adj) | ถูก | thòok |
| caro (adj) | แพง | phaeng |
| Es caro | มันราคาแพง | man raa-khaa phaeng |

| alquiler (m) | การเช่า | gaan châo |
| alquilar (vt) | เช่า | châo |
| crédito (m) | สินเชื่อ | sĭn chêua |
| a crédito (adv) | ซื้อเงินเชื่อ | séu ngern chêua |

## 59. El dinero

| dinero (m) | เงิน | ngern |
| cambio (m) | การแลกเปลี่ยน | gaan lâek bplìan |
| | สกุลเงิน | sà-gun ngern |
| curso (m) | อัตราแลกเปลี่ยน | àt-dtraa lâek bplìan |
| | สกุลเงิน | sà-gun ngern |
| cajero (m) automático | เอทีเอ็ม | ay-thee-em |
| moneda (f) | เหรียญ | rĭan |
| dólar (m) | ดอลลาร์ | dorn-lâa |
| euro (m) | ยูโร | yoo-roh |
| lira (f) | ลีราอิตาลี | lee-raa ì-dtaa-lee |
| marco (m) alemán | มารค | mâak |
| franco (m) | ฟรังค | frang |
| libra esterlina (f) | ปอนด์สเตอร์ลิง | bporn sà-dtêr-ling |
| yen (m) | เยน | yayn |
| deuda (f) | หนี้ | nêe |
| deudor (m) | ลูกหนี้ | lôok nêe |
| prestar (vt) | ให้ยืม | hâi yeum |
| tomar prestado | ขอยืม | kŏr yeum |
| banco (m) | ธนาคาร | thá-naa-khaan |
| cuenta (f) | บัญชี | ban-chee |
| ingresar (~ en la cuenta) | ฝาก | fàak |
| ingresar en la cuenta | ฝากเงินเข้าบัญชี | fàak ngern khâo ban-chee |
| sacar de la cuenta | ถอน | thŏrn |
| tarjeta (f) de crédito | บัตรเครดิต | bàt khray-dìt |
| dinero (m) en efectivo | เงินสด | ngern sòt |
| cheque (m) | เช็ค | chék |
| sacar un cheque | เขียนเช็ค | khĭan chék |
| talonario (m) | สมุดเช็ค | sà-mùt chék |
| cartera (f) | กระเป๋าเงิน | grà-bpăo ngern |
| monedero (m) | กระเป๋าสตางค์ | grà-bpăo sà-dtaang |
| caja (f) fuerte | ตู้เซฟ | dtôo sâyf |
| heredero (m) | ทายาท | thaa-yâat |
| herencia (f) | มรดก | mor-rá-dòrk |
| fortuna (f) | เงินจำนวนมาก | ngern jam-nuan mâak |
| arriendo (m) | สัญญาเช่า | săn-yaa châo |
| alquiler (m) (dinero) | ค่าเช่า | kâa châo |
| alquilar (~ una casa) | เช่า | châo |
| precio (m) | ราคา | raa-khaa |
| coste (m) | ราคา | raa-khaa |

| suma (f) | จำนวนเงินรวม | jam-nuan ngern ruam |
| gastar (vt) | จ่าย | jàai |
| gastos (m pl) | ค่าจ่าย | khâa jàai |
| economizar (vi, vt) | ประหยัด | bprà-yàt |
| económico (adj) | ประหยัด | bprà-yàt |
| | | |
| pagar (vi, vt) | จ่าย | jàai |
| pago (m) | การจ่ายเงิน | gaan jàai ngern |
| cambio (m) (devolver el ~) | เงินทอน | ngern thorn |
| | | |
| impuesto (m) | ภาษี | phaa-sěe |
| multa (f) | ค่าปรับ | khâa bpràp |
| multar (vt) | ปรับ | bpràp |

## 60. La oficina de correos

| oficina (f) de correos | โรงไปรษณีย์ | rohng bprai-sà-nee |
| correo (m) (cartas, etc.) | จดหมาย | jòt mǎai |
| cartero (m) | บุรุษไปรษณีย์ | bù-rùt bprai-sà-nee |
| horario (m) de apertura | เวลาทำการ | way-laa tham gaan |
| | | |
| carta (f) | จดหมาย | jòt mǎai |
| carta (f) certificada | จดหมายลงทะเบียน | jòt mǎai long thá-bian |
| tarjeta (f) postal | ไปรษณียบัตร | bprai-sà-nee-yá-bàt |
| telegrama (m) | โทรเลข | thoh-rá-lâyk |
| paquete (m) postal | พัสดุ | phát-sà-dù |
| giro (m) postal | การโอนเงิน | gaan ohn ngern |
| | | |
| recibir (vt) | รับ | ráp |
| enviar (vt) | ฝาก | fàak |
| envío (m) | การฝาก | gaan fàak |
| | | |
| dirección (f) | ที่อยู่ | thêe yòo |
| código (m) postal | รหัสไปรษณีย์ | rá-hàt bprai-sà-nee |
| expedidor (m) | ผู้ฝาก | phôo fàak |
| destinatario (m) | ผู้รับ | phôo ráp |
| | | |
| nombre (m) | ชื่อ | chêu |
| apellido (m) | นามสกุล | naam sà-gun |
| | | |
| tarifa (f) | อัตราค่าส่งไปรษณีย์ | àt-dtraa khâa sòng bprai-sà-nee |
| ordinario (adj) | มาตรฐาน | mâat-dtrà-thǎan |
| económico (adj) | ประหยัด | bprà-yàt |
| | | |
| peso (m) | น้ำหนัก | nám nàk |
| pesar (~ una carta) | มีน้ำหนัก | mee nám nàk |
| sobre (m) | ซอง | sorng |
| sello (m) | แสตมป์ไปรษณีย์ | sà-dtaem bprai-sà-nee |
| poner un sello | แสตมป์ตราประทับบนซอง | sà-dtaem dtraa bprà-tháp bon song |

# La vivienda. La casa. El hogar

## 61. La casa. La electricidad

| | | |
|---|---|---|
| electricidad (f) | ไฟฟ้า | fai fáa |
| bombilla (f) | หลอดไฟฟ้า | lòrt fai fáa |
| interruptor (m) | ปุ่มปิดเปิดไฟ | bpùm bpìt bpèrt fai |
| fusible (m) | ฟิวส์ | fiw |
| | | |
| hilo (m) (~ eléctrico) | สายไฟฟ้า | săai fai fáa |
| instalación (f) eléctrica | การเดินสายไฟ | gaan dern săai fai |
| contador (m) de luz | มิเตอร์วัดไฟฟ้า | mí-dtêr wát fai fáa |
| lectura (f) (~ del contador) | คามิเตอร์ | khâa mí-dtêr |

## 62. La villa. La mansión

| | | |
|---|---|---|
| casa (f) de campo | บ้านสไตล์คันทรี่ | bâan sà-dtai khan trêe |
| villa (f) | คฤหาสน์ | khá-réu-hàat |
| ala (f) | สวน | sùan |
| | | |
| jardín (m) | สวน | sŭan |
| parque (m) | สวน | sŭan |
| invernadero (m) tropical | เรือนกระจกเขตร้อน | reuan grà-jòk khàyt rórn |
| cuidar (~ el jardín, etc.) | ดูแล | doo lae |
| | | |
| piscina (f) | สระว่ายน้ำ | sà wâai náam |
| gimnasio (m) | โรงยิม | rohng-yim |
| cancha (f) de tenis | สนามเทนนิส | sà-năam then-nít |
| sala (f) de cine | หองฉายหนัง | hôrng chăai năng |
| garaje (m) | โรงรถ | rohng rót |
| | | |
| propiedad (f) privada | ทรัพย์สินส่วนบุคคล | sáp sĭn sùan bùk-khon |
| terreno (m) privado | ที่ดินส่วนบุคคล | thêe din sùan bùk-khon |
| | | |
| advertencia (f) | คำเตือน | kham dteuan |
| letrero (m) de aviso | ป้ายเตือน | bpâai dteuan |
| | | |
| seguridad (f) | ผู้รักษา | phôo rák-săa |
| | ความปลอดภัย | khwaam bplòrt phai |
| guardia (m) de seguridad | ยาม | yaam |
| alarma (f) antirrobo | สัญญาณกันขโมย | săn-yaan gan khà-moi |

## 63. El apartamento

| | | |
|---|---|---|
| apartamento (m) | อพาร์ตเมนต์ | a-phâat-mayn |
| habitación (f) | ห้อง | hôrng |

| | | |
|---|---|---|
| dormitorio (m) | ห้องนอน | hôrng norn |
| comedor (m) | หองรับประทาน อาหาร | hôrng ráp bprà-thaan aa-hǎan |
| salón (m) | ห้องนั่งเล่น | hôrng nâng lên |
| despacho (m) | หองทำงาน | hôrng tham ngaan |
| antecámara (f) | ห้องเข้า | hôrng khâo |
| cuarto (m) de baño | ห้องน้ำ | hôrng náam |
| servicio (m) | หองสวม | hôrng sûam |
| techo (m) | เพดาน | phay-daan |
| suelo (m) | พื้น | phéun |
| rincón (m) | มุม | mum |

## 64. Los muebles. El interior

| | | |
|---|---|---|
| muebles (m pl) | เครื่องเรือน | khrêuang reuan |
| mesa (f) | โต๊ะ | dtó |
| silla (f) | เก้าอี้ | gâo-êe |
| cama (f) | เตียง | dtiang |
| sofá (m) | โซฟา | soh-faa |
| sillón (m) | เก้าอี้เท้าแขน | gâo-êe tháo khǎen |
| librería (f) | ตู้หนังสือ | dtôo nǎng-sěu |
| estante (m) | ชั้นวาง | chán waang |
| armario (m) | ตู้เสื้อผ้า | dtôo sêua phâa |
| percha (f) | ที่แขวนเสื้อ | thêe khwǎen sêua |
| perchero (m) de pie | ไม้แขวนเสื้อ | mái khwǎen sêua |
| cómoda (f) | ตู้ลิ้นชัก | dtôo lín chák |
| mesa (f) de café | โต๊ะกาแฟ | dtó gaa-fae |
| espejo (m) | กระจก | grà-jòk |
| tapiz (m) | พรม | phrom |
| alfombra (f) | พรมเช็ดเท้า | phrom chét tháo |
| chimenea (f) | เตาผิง | dtao phǐng |
| candela (f) | เทียน | thian |
| candelero (m) | เชิงเทียน | cherng thian |
| cortinas (f pl) | ผ้าแขวน | phâa khwǎen |
| empapelado (m) | วอลเปเปอร์ | worn-bpay-bper |
| estor (m) de láminas | บานเกล็ดหน้าต่าง | baan glèt nâa dtàang |
| lámpara (f) de mesa | โคมไฟตั้งโต๊ะ | khohm fai dtâng dtó |
| candil (m) | ไฟติดผนัง | fai dtìt phà-nǎng |
| lámpara (f) de pie | โคมไฟตั้งพื้น | khohm fai dtâng phéun |
| lámpara (f) de araña | โคมระย้า | khohm rá-yáa |
| pata (f) (~ de la mesa) | ขา | khǎa |
| brazo (m) | ที่พักแขน | thêe phák khǎen |
| espaldar (m) | พนักพิง | phá-nák phing |
| cajón (m) | ลิ้นชัก | lín chák |

## 65. Los accesorios de la cama

| ropa (f) de cama | ชุดผ้าปูที่นอน | chút phâa bpoo thêe norn |
| almohada (f) | หมอน | mǒrn |
| funda (f) | ปลอกหมอน | bplòk mǒrn |
| manta (f) | ผ้าห่ม | phâa phǔay |
| sábana (f) | ผ้าปู | phâa bpoo |
| sobrecama (f) | ผ้าคลุมเตียง | phâa khlum dtiang |

## 66. La cocina

| cocina (f) | ห้องครัว | hôrng khrua |
| gas (m) | แก๊ส | gáet |
| cocina (f) de gas | เตาแก๊ส | dtao gàet |
| cocina (f) eléctrica | เตาไฟฟ้า | dtao fai-fáa |
| horno (m) | เตาอบ | dtao òp |
| horno (m) microondas | เตาอบไมโครเวฟ | dtao òp mai-khroh-we p |

| frigorífico (m) | ตู้เย็น | dtôo yen |
| congelador (m) | ตู้แช่แข็ง | dtôo châe khǎeng |
| lavavajillas (m) | เครื่องล้างจาน | khrêuang láang jaan |

| picadora (f) de carne | เครื่องบดเนื้อ | khrêuang bòt néua |
| exprimidor (m) | เครื่องคั้น น้ำผลไม้ | khrêuang khán náam phǒn-lá-mái |
| tostador (m) | เครื่องปิ้ง ขนมปัง | khrêuang bpîng khà-nǒm bpang |
| batidora (f) | เครื่องปั่น | khrêuang bpàn |

| cafetera (f) (aparato de cocina) | เครื่องชงกาแฟ | khrêuang chong gaa-fae |
| cafetera (f) (para servir) | หม้อกาแฟ | môr gaa-fae |
| molinillo (m) de café | เครื่องบดกาแฟ | khrêuang bòt gaa-fae |

| hervidor (m) de agua | กาน้ำ | gaa náam |
| tetera (f) | กาน้ำชา | gaa náam chaa |
| tapa (f) | ฝา | fǎa |
| colador (m) de té | ที่กรองชา | thêe grorng chaa |

| cuchara (f) | ช้อน | chórn |
| cucharilla (f) | ช้อนชา | chórn chaa |
| cuchara (f) de sopa | ช้อนซุป | chórn súp |
| tenedor (m) | ส้อม | sôrm |
| cuchillo (m) | มีด | mêet |

| vajilla (f) | ถ้วยชาม | thûay chaam |
| plato (m) | จาน | jaan |
| platillo (m) | จานรอง | jaan rorng |

| vaso (m) de chupito | แก้วช็อต | gâew chórt |
| vaso (m) (~ de agua) | แก้ว | gâew |
| taza (f) | ถ้วย | thûay |
| azucarera (f) | โถน้ำตาล | thǒh náam dtaan |

| | | |
|---|---|---|
| salero (m) | กระปุกเกลือ | grà-bpùk gleua |
| pimentero (m) | กระปุกพริกไท | grà-bpùk phrík thai |
| mantequera (f) | ที่ใส่เนย | thêe sài noie |

| | | |
|---|---|---|
| cacerola (f) | หม้อต้ม | môr dtôm |
| sartén (f) | กระทะ | grà-thá |
| cucharón (m) | กระบวย | grà-buay |
| colador (m) | กระชอน | grà chorn |
| bandeja (f) | ถาด | thàat |

| | | |
|---|---|---|
| botella (f) | ขวด | khùat |
| tarro (m) de vidrio | ขวดโหล | khùat lŏh |
| lata (f) de hojalata | กระป๋อง | grà-bpŏrng |

| | | |
|---|---|---|
| abrebotellas (m) | ที่เปิดขวด | thêe bpèrt khùat |
| abrelatas (m) | ที่เปิดกระป๋อง | thêe bpèrt grà-bpŏrng |
| sacacorchos (m) | ที่เปิดจุก | thêe bpèrt jùk |
| filtro (m) | ที่กรอง | thêe grorng |
| filtrar (vt) | กรอง | grorng |

| | | |
|---|---|---|
| basura (f) | ขยะ | khà-yà |
| cubo (m) de basura | ถังขยะ | thăng khà-yà |

## 67. El baño

| | | |
|---|---|---|
| cuarto (m) de baño | ห้องน้ำ | hôrng náam |
| agua (f) | น้ำ | nám |
| grifo (m) | ก๊อกน้ำ | gòk náam |
| agua (f) caliente | น้ำร้อน | nám rórn |
| agua (f) fría | น้ำเย็น | nám yen |

| | | |
|---|---|---|
| pasta (f) de dientes | ยาสีฟัน | yaa sěe fan |
| limpiarse los dientes | แปรงฟัน | bpraeng fan |
| cepillo (m) de dientes | แปรงสีฟัน | bpraeng sěe fan |

| | | |
|---|---|---|
| afeitarse (vr) | โกน | gohn |
| espuma (f) de afeitar | โฟมโกนหนวด | fohm gohn nùat |
| maquinilla (f) de afeitar | มีดโกน | mêet gohn |

| | | |
|---|---|---|
| lavar (vt) | ล้าง | láang |
| darse un baño | อาบ | àap |
| ducha (f) | ฝักบัว | fàk bua |
| darse una ducha | อาบน้ำฝักบัว | àap náam fàk bua |

| | | |
|---|---|---|
| baño (m) | อ่างอาบน้ำ | àang àap náam |
| inodoro (m) | โถส้วมโครก | thŏh chák khrôhk |
| lavabo (m) | อ่างล้างหน้า | àang láang-nâa |

| | | |
|---|---|---|
| jabón (m) | สบู่ | sà-bòo |
| jabonera (f) | ที่ใส่สบู่ | thêe sài sà-bòo |

| | | |
|---|---|---|
| esponja (f) | ฟองน้ำ | forng náam |
| champú (m) | แชมพู | chaem-phoo |
| toalla (f) | ผ้าเช็ดตัว | phâa chét dtua |

| bata (f) de baño | เสื้อคลุมอาบน้ำ | sêua khlum àap náam |
| colada (f), lavado (m) | การซักผ้า | gaan sák phâa |
| lavadora (f) | เครื่องซักผ้า | khrêuang sák phâa |
| lavar la ropa | ซักผ้า | sák phâa |
| detergente (m) en polvo | ผงซักฟอก | phŏng sák-fôrk |

## 68. Los aparatos domésticos

| televisor (m) | ทีวี | thee-wee |
| magnetófono (m) | เครื่องบันทึกเทป | khrêuang ban-théuk thâyp |
| vídeo (m) | เครื่องบันทึก<br>วิดีโอ | khrêuang ban-théuk<br>wí-dee-oh |
| radio (f) | วิทยุ | wít-thá-yú |
| reproductor (m) (~ MP3) | เครื่องเล่น | khrêuang lên |
| proyector (m) de vídeo | โปรเจ็คเตอร์ | bproh-jèk-dtêr |
| sistema (m) home cinema | เครื่องฉายภาพ<br>ยนตร์ที่บ้าน | khhrêuang chǎai phâap-phá<br>yon thêe bâan |
| reproductor (m) de DVD | เครื่องเล่น DVD | khrêuang lên dee-wee-dee |
| amplificador (m) | เครื่องขยายเสียง | khrêuang khà-yǎai sǐang |
| videoconsola (f) | เครื่องเกมคอนโซล | khrêuang gaym khorn sohn |
| cámara (f) de vídeo | กล้องถ่ายวิดีโอ | glôrng thàai wí-dee-oh |
| cámara (f) fotográfica | กล้องถ่ายรูป | glôrng thàai rôop |
| cámara (f) digital | กล้องดิจิตอล | glôrng dì-jì-dton |
| aspirador (m) | เครื่องดูดฝุ่น | khrêuang dòot fùn |
| plancha (f) | เตารีด | dtao rêet |
| tabla (f) de planchar | กระดานรองรีด | grà-daan rorng rêet |
| teléfono (m) | โทรศัพท์ | thoh-rá-sàp |
| teléfono (m) móvil | มือถือ | meu thěu |
| máquina (f) de escribir | เครื่องพิมพ์ดีด | khrêuang phim dèet |
| máquina (f) de coser | จักรเย็บผ้า | jàk yép phâa |
| micrófono (m) | ไมโครโฟน | mai-khroh-fohn |
| auriculares (m pl) | หูฟัง | hŏo fang |
| mando (m) a distancia | รีโมตทีวี | ree môht thee wee |
| CD (m) | CD | see-dee |
| casete (m) | เทป | thâyp |
| disco (m) de vinilo | จานเสียง | jaan sǐang |

# LAS ACTIVIDADES DE LA GENTE

# El trabajo. Los negocios. Unidad 1

## 69. La oficina. El trabajo de oficina

| | | |
|---|---|---|
| oficina (f) | สำนักงาน | săm-nák ngaan |
| despacho (m) | ห้องทำงาน | hôrng tham ngaan |
| recepción (f) | แผนกต้อนรับ | phà-nàek dtôrn ráp |
| secretario (m) | เลขา | lay-khǎa |
| secretaria (f) | เลขา | lay-khǎa |
| | | |
| director (m) | ผู้อำนวยการ | phôo am-nuay gaan |
| manager (m) | ผู้จัดการ | phôo jàt gaan |
| contable (m) | คนทำบัญชี | khon tham ban-chee |
| colaborador (m) | พนักงาน | phá-nák ngaan |
| | | |
| muebles (m pl) | เครื่องเรือน | khrêuang reuan |
| escritorio (m) | โต๊ะ | dtó |
| silla (f) | เก้าอี้สำนักงาน | gâo-êe săm-nák ngaan |
| cajonera (f) | ตู้มีลิ้นชัก | dtôo mee lín chák |
| perchero (m) de pie | ไม้แขวนเสื้อ | mái khwǎen sêua |
| | | |
| ordenador (m) | คอมพิวเตอร์ | khorm-phiw-dtêr |
| impresora (f) | เครื่องพิมพ์ | khrêuang phim |
| fax (m) | เครื่องโทรสาร | khrêuang thoh-rá-sǎan |
| fotocopiadora (f) | เครื่องอัดสำเนา | khrêuang àt săm-nao |
| | | |
| papel (m) | กระดาษ | grà-dàat |
| papelería (f) | เครื่องใช้สำนักงาน | khrêuang chái săm-nák ngaan |
| alfombrilla (f) para ratón | แผ่นรองเมาส์ | phàen rorng mao |
| hoja (f) de papel | ใบ | bai |
| carpeta (f) | แฟ้ม | fáem |
| | | |
| catálogo (m) | บัญชีรายชื่อ | ban-chee raai chêu |
| directorio (m) telefónico | สมุดโทรศัพท์ | sà-mùt thoh-rá-sàp |
| documentación (f) | เอกสาร | àyk sǎan |
| folleto (m) | โบรชัวร์ | broh-chua |
| prospecto (m) | ใบปลิว | bai bpliw |
| muestra (f) | ตัวอย่าง | dtua yàang |
| | | |
| reunión (f) de formación | การประชุมฝึกอบรม | gaan bprà-chum fèuk òp-rom |
| reunión (f) | การประชุม | gaan bprà-chum |
| pausa (f) de almuerzo | การพักเที่ยง | gaan phák thîang |
| | | |
| hacer una copia | ทำสำเนา | tham săm-nao |
| hacer copias | ทำสำเนาหลายฉบับ | tham săm-nao lǎai chà-bàp |
| recibir un fax | รับโทรสาร | ráp thoh-rá-sǎan |

| enviar un fax | ส่งโทรสาร | sòng thoh-rá-săan |
| llamar por teléfono | โทรศัพท์ | thoh-rá-sàp |
| responder (vi, vt) | รับสาย | ráp săai |
| poner en comunicación | โอนสาย | ohn săai |

| fijar (~ una reunión) | นัด | nát |
| demostrar (vt) | สาธิต | săa-thít |
| estar ausente | ขาด | khàat |
| ausencia (f) | การขาด | gaan khàat |

## 70. Los métodos de los negocios. Unidad 1

| negocio (m), comercio (m) | ธุรกิจ | thú-rá gìt |
| ocupación (f) | อาชีพ | aa-chêep |

| firma (f) | บริษัท | bor-rí-sàt |
| compañía (f) | บริษัท | bor-rí-sàt |
| corporación (f) | บริษัท | bor-rí-sàt |
| empresa (f) | บริษัท | bor-rí-sàt |
| agencia (f) | สำนักงาน | săm-nák ngaan |

| acuerdo (m) | ข้อตกลง | khôr dtòk long |
| contrato (m) | สัญญา | săn-yaa |
| trato (m), acuerdo (m) | ข้อตกลง | khôr dtòk long |
| pedido (m) | การสั่ง | gaan sàng |
| condición (f) del contrato | เงื่อนไข | ngêuan khăi |

| al por mayor (adv) | ขายส่ง | khăai sòng |
| al por mayor (adj) | ขายส่ง | khăai sòng |
| venta (f) al por mayor | การขายส่ง | gaan khăai sòng |
| al por menor (adj) | ขายปลีก | khăai bplèek |
| venta (f) al por menor | การขายปลีก | gaan khăai bplèek |

| competidor (m) | คู่แข่ง | khôo khàeng |
| competencia (f) | การแข่งขัน | gaan khàeng khăn |
| competir (vi) | แข่งขัน | khàeng khăn |

| socio (m) | พันธมิตร | phan-thá-mít |
| sociedad (f) | ห้างหุ้นส่วน | hâang hûn sùan |

| crisis (m) | วิกฤติ | wí-grìt |
| bancarrota (f) | การล้มละลาย | gaan lóm lá-laai |
| ir a la bancarrota | ล้มละลาย | lóm lá-laai |
| dificultad (f) | ความยากลำบาก | khwaam yâak lam-bàak |
| problema (m) | ปัญหา | bpan-hăa |
| catástrofe (f) | ความหายนะ | khwaam hăa-yá-ná |

| economía (f) | เศรษฐกิจ | sàyt-thà-gìt |
| económico (adj) | ทางเศรษฐกิจ | thaang sàyt-thà-gìt |
| recesión (f) económica | เศรษฐกิจถดถอย | sàyt-thà-gìt thòt thŏi |

| meta (f) | เป้าหมาย | bpâo măai |
| objetivo (m) | งาน | ngaan |
| comerciar (vi) | แลกเปลี่ยน | lâek bplìan |

| red (f) (~ comercial) | เครือข่าย | khreua khàai |
| existencias (f pl) | คลังสินค้า | khlang sĭn kháa |
| surtido (m) | ประเภทสินค้า<br>ตางๆ | bprà-phâyt sĭn kháa dtàang<br>dtàang |

| líder (m) | ผู้นำ | phôo nam |
| grande (empresa ~) | ขนาดใหญ่ | khà-nàat yài |
| monopolio (m) | การผูกขาด | gaan phòok khàat |

| teoría (f) | ทฤษฎี | thrít-sà-dee |
| práctica (f) | การดำเนินการ | gaan dam-nern gaan |
| experiencia (f) | ประสบการณ | bprà-sòp gaan |
| tendencia (f) | แนวโน้ม | naew nóhm |
| desarrollo (m) | การพัฒนา | gaan phát-thá-naa |

## 71. Los métodos de los negocios. Unidad 2

| rentabilidad (f) | กำไร | gam-rai |
| rentable (adj) | กำไร | gam-rai |

| delegación (f) | คณะผู้แทน | khá-ná phôo thaen |
| salario (m) | เงินเดือน | ngern deuan |
| corregir (un error) | แก้ไข | gâe khăi |
| viaje (m) de negocios | การเดินทางไป<br>ทำธุรกิจ | gaan dern taang bpai<br>tham thú-rá gìt |
| comisión (f) | คณะ | khá-ná |

| controlar (vt) | ควบคุม | khûap khum |
| conferencia (f) | งานประชุม | ngaan bprà-chum |
| licencia (f) | ใบอนุญาต | bai a-nú-yâat |
| fiable (socio ~) | พึ่งพาได | phêung phaa dâai |

| iniciativa (f) | การริเริ่ม | gaan rí-rêrm |
| norma (f) | มาตรฐาน | mâat-dtrà-thăan |
| circunstancia (f) | ภาวะ | phaa-wá |
| deber (m) | หน้าที่ | nâa thêe |

| empresa (f) | องค์การ | ong gaan |
| organización (f) (proceso) | การจัด | gaan jàt |
| organizado (adj) | ที่ถูกจัด | thêe thòok jàt |
| anulación (f) | การยกเลิก | gaan yók lêrk |
| anular (vt) | ยกเลิก | yók lêrk |
| informe (m) | รายงาน | raai ngaan |

| patente (m) | สิทธิบัตร | sìt-thí bàt |
| patentar (vt) | จดสิทธิบัตร | jòt sìt-thí bàt |
| planear (vt) | วางแผน | waang phăen |

| premio (m) | โบนัส | boh-nát |
| profesional (adj) | ทางวิชาชีพ | thaang wí-chaa chêep |
| procedimiento (m) | กระบวนการ | grà-buan gaan |

| examinar (vt) | ปรึกษาหารือ | bprèuk-săa hăa-reu |
| cálculo (m) | การนับ | gaan náp |

| | | |
|---|---|---|
| reputación (f) | ความมีหน้ามีตา | khwaam mee nâa mee dtaa |
| riesgo (m) | ความเสี่ยง | khwaam sìang |
| | | |
| dirigir (administrar) | บริหาร | bor-rí-hǎan |
| información (f) | ขอมูล | khôr moon |
| propiedad (f) | ทรัพย์สิน | sáp sǐn |
| unión (f) | สหภาพ | sà-hà phâap |
| | | |
| seguro (m) de vida | การประกันชีวิต | gaan bprà-gan chee-wít |
| asegurar (vt) | ประกันภัย | bprà-gan phai |
| seguro (m) | การประกันภัย | gaan bprà-gan phai |
| | | |
| subasta (f) | กูรขายเลหลัง | gaan khǎai lay-lǎng |
| notificar (informar) | แจง | jâeng |
| gestión (f) | การบริหาร | gaan bor-rí-hǎan |
| servicio (m) | บริการ | bor-rí-gaan |
| | | |
| foro (m) | การประชุมฟอรั่ม | gaan bprà-chum for-râm |
| funcionar (vi) | ดำเนินการ | dam-nern gaan |
| etapa (f) | ขั้น | khân |
| jurídico (servicios ~s) | ทางกฎหมาย | thaang gòt mǎai |
| jurista (m) | ทนายความ | thá-naai khwaam |

## 72. La producción. Los trabajos

| | | |
|---|---|---|
| planta (f) | โรงงาน | rohng ngaan |
| fábrica (f) | โรงงาน | rohng ngaan |
| taller (m) | หองทำงาน | hôrng tham ngaan |
| planta (f) de producción | ที่ผลิต | thêe phà-lìt |
| | | |
| industria (f) | อุตสาหกรรม | út-saa há-gam |
| industrial (adj) | ทางอุตสาหกรรม | thaang ùt-sǎa-hà-gam |
| industria (f) pesada | อุตสาหกรรมหนัก | ùt-sǎa-hà-gam nàk |
| industria (f) ligera | อุตสาหกรรมเบา | ùt-sǎa-hà-gam bao |
| | | |
| producción (f) | ผลิตภัณฑ์ | phà-lìt-dtà-phan |
| producir (vt) | ผลิต | phà-lìt |
| materias (f pl) primas | วัตถุดิบ | wát-thù dìp |
| | | |
| jefe (m) de brigada | คนคุมงาน | khon khum ngaan |
| brigada (f) | ทีมคนงาน | theem khon ngaan |
| obrero (m) | คนงาน | khon ngaan |
| | | |
| día (m) de trabajo | วันทำงาน | wan tham ngaan |
| descanso (m) | หยุดพัก | yùt phák |
| reunión (f) | การประชุม | gaan bprà-chum |
| discutir (vt) | หารือ | hǎa-reu |
| plan (m) | แผน | phǎen |
| cumplir el plan | ทำตามแผน | tham dtaam pǎen |
| tasa (f) de producción | อัตราผลลัพธ์ | àt-dtraa phǒn láp |
| calidad (f) | คุณภาพ | khun-ná-phâap |
| revisión (f) | การควบคุม | gaan khûap khum |
| control (m) de calidad | การควบคุม คุณภาพ | gaan khûap khum khun-ná-phâap |

| seguridad (f) de trabajo | ความปลอดภัยในที่ทำงาน | khwaam bplòrt phai nai thêe tham ngaan |
| disciplina (f) | วินัย | wí-nai |
| infracción (f) | การละเมิด | gaan lá-mêrt |
| violar (las reglas) | ละเมิด | lá-mêrt |
| | | |
| huelga (f) | การประท้วงหยุดงาน | gaan bprà-thúang yùt ngaan |
| huelguista (m) | ผู้ประท้วงหยุดงาน | phôo bprà-thúang yùt ngaan |
| estar en huelga | ประท้วงหยุดงาน | bprà-thúang yùt ngaan |
| sindicato (m) | สหภาพแรงงาน | sà-hà-phâap raeng ngaan |
| | | |
| inventar (máquina, etc.) | ประดิษฐ์ | bprà-dìt |
| invención (f) | สิ่งประดิษฐ์ | sìng bprà-dìt |
| investigación (f) | การวิจัย | gaan wí-jai |
| mejorar (vt) | ทำให้ดีขึ้น | tham hâi dee khêun |
| tecnología (f) | เทคโนโลยี | thék-noh-loh-yee |
| dibujo (m) técnico | ภาพร่างทางเทคนิค | phâap-râang thaang thék-nìk |
| | | |
| cargamento (m) | ของบรรทุก | khŏrng ban-thúk |
| cargador (m) | คนงานยกของ | khon ngaan yók khŏrng |
| cargar (camión, etc.) | บรรทุก | ban-thúk |
| carga (f) (proceso) | การบรรทุก | gaan ban-thúk |
| descargar (vt) | ขนออก | khŏn òrk |
| descarga (f) | การขนออก | gaan khŏn òrk |
| | | |
| transporte (m) | การขนส่ง | gaan khŏn sòng |
| compañía (f) de transporte | บริษัทขนส่ง | bor-rí-sàt khŏn sòng |
| transportar (vt) | ขนสง | khŏn sòng |
| | | |
| vagón (m) | ตู้รถไฟรถ | dtôo rót fai |
| cisterna (f) | ถัง | thăng |
| camión (m) | รถบรรทุก | rót ban-thúk |
| | | |
| máquina (f) herramienta | เครื่องมือกล | khrêuang meu gon |
| mecanismo (m) | กลไก | gon-gai |
| | | |
| desperdicios (m pl) | ของเสียจากโรงงาน | khŏrng sĭa jàak rohng ngaan |
| empaquetado (m) | การทำหีบห่อ | gaan tham hèep hòr |
| embalar (vt) | แพ็คหีบห่อ | pháek hèep hòr |

## 73. El contrato. El acuerdo

| contrato (m) | สัญญา | săn-yaa |
| acuerdo (m) | ข้อตกลง | khôr dtòk long |
| anexo (m) | ภาคผนวก | phâak phà-nùak |
| | | |
| firmar un contrato | ลงนามในสัญญา | long naam nai săn-yaa |
| firma (f) (nombre) | ลายมือชื่อ | laai meu chêu |
| firmar (vt) | ลงนาม | long naam |
| sello (m) | ตราประทับ | dtraa bprà-tháp |
| | | |
| objeto (m) del acuerdo | หัวข้อของสัญญา | hŭa khôr khŏrng săn-yaa |
| cláusula (f) | ข้อ | khôr |
| partes (f pl) | ฝ่าย | fàai |

| | | |
|---|---|---|
| domicilio (m) legal | ที่อยู่ตามกฎหมาย | thêe yòo dtaam gòt măai |
| violar el contrato | การละเมิดสัญญา | gaan lá-mêrt săn-yaa |
| obligación (f) | พันธสัญญา | phan-thá-săn-yaa |
| responsabilidad (f) | ความรับผิดชอบ | khwaam ráp phìt chôp |
| fuerza mayor (f) | เหตุสุดวิสัย | hàyt sùt wí-săi |
| disputa (f) | ความขัดแยง | khwaam khàt yáeng |
| penalidades (f pl) | บทลงโทษ | bòt long thôht |

## 74. Importación y Exportación

| | | |
|---|---|---|
| importación (f) | การนำเข้า | gaan nam khâo |
| importador (m) | ผู้นำเขา | phôo nam khâo |
| importar (vt) | นำเขา | nam khâo |
| de importación (adj) | นำเขา | nam khâo |
| | | |
| exportación (f) | การส่งออก | gaan sòng òrk |
| exportador (m) | ผูสงออก | phôo sòng òrk |
| exportar (vt) | สงออก | sòng òrk |
| de exportación (adj) | สงออก | sòng òrk |
| | | |
| mercancía (f) | สินค้า | sĭn kháa |
| lote (m) de mercancías | สินคาที่สงไป | sĭn kháa thêe sòng bpai |
| | | |
| peso (m) | น้ำหนัก | nám nàk |
| volumen (m) | ปริมาณ | bpà-rí-maan |
| metro (m) cúbico | ลูกบาศก์เมตร | lôok bàat máyt |
| | | |
| productor (m) | ผู้ผลิต | phôo phà-lìt |
| compañía (f) de transporte | บริษัทขนส่ง | bor-rí-sàt khŏn sòng |
| contenedor (m) | ตูคอนเทนเนอร์ | dtôo khorn thay ná-ner |
| | | |
| frontera (f) | ชายแดน | chaai daen |
| aduana (f) | ดานศุลกากร | dàan sŭn-lá-gaa-gon |
| derechos (m pl) arancelarios | ภาษีศุลกากร | phaa-sĕe sŭn-lá-gaa-gon |
| aduanero (m) | เจาหนาที่ศุลกากร | jâo nâa-thêe sŭn-lá-gaa-gon |
| contrabandismo (m) | การลักลอบ | gaan lák-lôrp |
| contrabando (m) | สินคาที่ผิดกฎหมาย | sĭn kháa thêe phìt gòt măai |

## 75. Las finanzas

| | | |
|---|---|---|
| acción (f) | หุ้น | hûn |
| bono (m), obligación (f) | ตราสารหนี้ | dtraa săan nêe |
| letra (f) de cambio | ตั๋วสัญญาใชเงิน | dtŭa săn-yaa chái ngern |
| | | |
| bolsa (f) | ตลาดหลักทรัพย์ | dtà-làat làk sáp |
| cotización (f) de valores | ราคาหุน | raa-khaa hûn |
| | | |
| abaratarse (vr) | ถูกลง | thòok long |
| encarecerse (vr) | แพงขึ้น | phaeng khêun |
| parte (f) | ปนผล | bpan phŏn |
| interés (m) mayoritario | สวนไดเสียที่ | sùan dâai sĭa têe |
| | มีอำนาจควบคุม | mee am-nâat khûap khum |

| inversiones (f pl) | การลงทุน | gaan long thun |
| invertir (vi, vt) | ลงทุน | long thun |
| porcentaje (m) | เปอร์เซ็นต์ | bper-sen |
| interés (m) | ดอกเบี้ย | dòrk bîa |

| beneficio (m) | กำไร | gam-rai |
| beneficioso (adj) | ได้กำไร | dâai gam-rai |
| impuesto (m) | ภาษี | phaa-sĕe |

| divisa (f) | สกุลเงิน | sà-gun ngern |
| nacional (adj) | แหงชาติ | hàeng châat |
| cambio (m) | การแลกเปลี่ยน | gaan lâek bplìan |

| contable (m) | นักบัญชี | nák ban-chee |
| contaduría (f) | การทำบัญชี | gaan tham ban-chee |

| bancarrota (f) | การล้มละลาย | gaan lóm lá-laai |
| quiebra (f) | การพังพินาศ | gaan phang phí-nâat |
| ruina (f) | ความพินาศ | khwaam phí-nâat |
| arruinarse (vr) | ล้มละลาย | lóm lá-laai |
| inflación (f) | เงินเฟ้อ | ngern fér |
| devaluación (f) | การลดค่าเงิน | gaan lót khâa ngern |

| capital (m) | เงินทุน | ngern thun |
| ingresos (m pl) | รายได้ | raai dâai |
| volumen (m) de negocio | การหมุนเวียน | gaan mŭn wian |
| recursos (m pl) | ทรัพยากร | sáp-pá-yaa-gon |
| recursos (m pl) monetarios | แหลงเงินทุน | làeng ngern thun |

| gastos (m pl) accesorios | ค่าใช้จ่าย | khâa chái jàai |
| reducir (vt) | ลด | lót |

## 76. La mercadotecnia

| mercadotecnia (f) | การตลาด | gaan dtà-làat |
| mercado (m) | ตลาด | dtà-làat |
| segmento (m) del mercado | สวนตลาด | sùan dtà-làat |
| producto (m) | ผลิตภัณฑ์ | phà-lìt-dtà-phan |
| mercancía (f) | สินคา | sĭn kháa |

| marca (f) | ยี่ห้อ | yêe hôr |
| marca (f) comercial | เครื่องหมายการค้า | khrêuang măai gaan kháa |
| logotipo (m) | โลโก้ | loh-gôh |
| logo (m) | โลโก | loh-gôh |

| demanda (f) | อุปสงค์ | u-bpà-sŏng |
| oferta (f) | อุปทาน | u-bpà-thaan |
| necesidad (f) | ความต้องการ | khwaam dtôrng gaan |
| consumidor (m) | ผู้บริโภค | phôo bor-rí-phôhk |

| análisis (m) | การวิเคราะห์ | gaan wí-khrór |
| analizar (vt) | วิเคราะห | wí-khrór |
| posicionamiento (m) | การวางตำแหน่ง ผลิตภัณฑ | gaan waang dtam-nàeng phà-lìt-dtà-phan |

| posicionar (vt) | วางตำแหน่ง<br>ผลิตภัณฑ์ | waang dtam-nàeng<br>phà-lìt-dtà-phan |
|---|---|---|
| precio (m) | ราคา | raa-khaa |
| política (f) de precios | นโยบาย<br>การตั้งราคา | ná-yoh-baai<br>gaan dtâng raa-khaa |
| formación (m) de precios | การตั้งราคา | gaan dtâng raa-khaa |

## 77. La publicidad

| publicidad (f) | การโฆษณา | gaan khôht-sà-naa |
|---|---|---|
| publicitar (vt) | โฆษณา | khôht-sà-naa |
| presupuesto (m) | งบประมาณ | ngóp bprà-maan |
| anuncio (m) publicitario | การโฆษณา | gaan khôht-sà-naa |
| publicidad (f) televisiva | การโฆษณา<br>ทางทีวี | gaan khôht-sà-naa thaang<br>thee wee |
| publicidad (f) radiofónica | การโฆษณา<br>ทางวิทยุ | gaan khôht-sà-naa thaang<br>wít-thá-yú |
| publicidad (f) exterior | การโฆษณา<br>แบบกลางแจ้ง | gaan khôht-sà-naa<br>bàep glaang jâeng |
| medios (m pl) de comunicación de masas | สื่อสารมวลชน | sèu săan muan chon |
| periódico (m) | หนังสือรายคาบ | năng-sĕu raai khâap |
| imagen (f) | ภาพลักษณ์ | phâap-lák |
| consigna (f) | คำขวัญ | kham khwăn |
| divisa (f) | คติพจน์ | khá-dtì phót |
| campaña (f) | การรณรงค์ | gaan ron-ná-rorng |
| campaña (f) publicitaria | การรณรงค์<br>โฆษณา | gaan ron-ná-rorng<br>khôht-sà-naa |
| auditorio (m) objetivo | กลุ่มเป้าหมาย | glùm bpâo-măai |
| tarjeta (f) de visita | นามบัตร | naam bàt |
| prospecto (m) | ใบปลิว | bai bpliw |
| folleto (m) | โบรชัวร์ | broh-chua |
| panfleto (m) | แผ่นพับ | phàen pháp |
| boletín (m) | จดหมายข่าว | jòt măai khàao |
| letrero (m) (~ luminoso) | ป้ายร้าน | bpâai ráan |
| pancarta (f) | โปสเตอร์ | bpòht-dtêr |
| valla (f) publicitaria | กระดานปิดประกาศ<br>โฆษณา | grà-daan bpìt bprà-gàat<br>khôht-sà-naa |

## 78. La banca

| banco (m) | ธนาคาร | thá-naa-khaan |
|---|---|---|
| sucursal (f) | สาขา | săa-khăa |
| asesor (m) (~ fiscal) | พนักงาน<br>ธนาคาร | phá-nák ngaan<br>thá-naa-khaan |
| gerente (m) | ผู้จัดการ | phôo jàt gaan |

| | | |
|---|---|---|
| cuenta (f) | บัญชีธนาคาร | ban-chee thá-naa-kaan |
| numero (m) de la cuenta | หมายเลขบัญชี | măai lâyk ban-chee |
| cuenta (f) corriente | กระแสรายวัน | grà-săe raai wan |
| cuenta (f) de ahorros | บัญชีออมทรัพย์ | ban-chee orm sáp |
| | | |
| abrir una cuenta | เปิดบัญชี | bpèrt ban-chee |
| cerrar la cuenta | ปิดบัญชี | bpìt ban-chee |
| ingresar en la cuenta | ฝากเงินเข้าบัญชี | fàak ngern khâo ban-chee |
| sacar de la cuenta | ถอน | thŏrn |
| | | |
| depósito (m) | การฝาก | gaan fàak |
| hacer un depósito | ฝาก | fàak |
| giro (m) bancario | การโอนเงิน | gaan ohn ngern |
| hacer un giro | โอนเงิน | ohn ngern |
| | | |
| suma (f) | จำนวนเงินรวม | jam-nuan ngern ruam |
| ¿Cuánto? | เทาไหร? | thâo rài |
| | | |
| firma (f) (nombre) | ลายมือชื่อ | laai meu chêu |
| firmar (vt) | ลงนาม | long naam |
| | | |
| tarjeta (f) de crédito | บัตรเครดิต | bàt khray-dìt |
| código (m) | รหัส | rá-hàt |
| número (m) de tarjeta de crédito | หมายเลขบัตรเครดิต | măai lâyk bàt khray-dìt |
| cajero (m) automático | เอทีเอ็ม | ay-thee-em |
| | | |
| cheque (m) | เช็ค | chék |
| sacar un cheque | เขียนเช็ค | khĭan chék |
| talonario (m) | สมุดเช็ค | sà-mùt chék |
| | | |
| crédito (m) | เงินกู้ | ngern gôo |
| pedir el crédito | ขอสินเชื่อ | khŏr sĭn chêua |
| | | |
| obtener un crédito | กู้เงิน | gôo ngern |
| conceder un crédito | ให้กู้เงิน | hâi gôo ngern |
| garantía (f) | การรับประกัน | gaan ráp bprà-gan |

## 79. El teléfono. Las conversaciones telefónicas

| | | |
|---|---|---|
| teléfono (m) | โทรศัพท์ | thoh-rá-sàp |
| teléfono (m) móvil | มือถือ | meu thĕu |
| contestador (m) | เครื่องพูดตอบ | khrêuang phôot dtòp |
| | | |
| llamar, telefonear | โทรศัพท์ | thoh-rá-sàp |
| llamada (f) | การโทรศัพท์ | gaan thoh-rá-sàp |
| | | |
| marcar un número | หมุนหมายเลขโทรศัพท์ | mŭn măai lâyk thoh-rá-sàp |
| ¿Sí?, ¿Dígame? | สวัสดี! | sà-wàt-dee |
| preguntar (vt) | ถาม | thăam |
| responder (vi, vt) | รับสาย | ráp săai |
| | | |
| oír (vt) | ได้ยิน | dâai yin |
| bien (adv) | ดี | dee |

| mal (adv) | ไม่ดี | mâi dee |
| ruidos (m pl) | เสียงรบกวน | sĭang róp guan |

| auricular (m) | ตัวรับสัญญาณ | dtua ráp săn-yaan |
| descolgar (el teléfono) | รับสาย | ráp săi |
| colgar el auricular | วางสาย | waang săi |

| ocupado (adj) | ไม่ว่าง | mâi wâang |
| sonar (teléfono) | ดัง | dang |
| guía (f) de teléfonos | สมุดโทรศัพท์ | sà-mùt thoh-rá-sàp |

| local (adj) | ในประเทศ | nai bprà-thâyt |
| llamada (f) local | โทรในประเทศ | thoh nai bprà-thâyt |
| de larga distancia | ระยะไกล | rá-yá glai |
| llamada (f) de larga distancia | โทรระยะไกล | thoh-rá-yá glai |
| internacional (adj) | ต่างประเทศ | dtàang bprà-thâyt |
| llamada (f) internacional | โทรต่างประเทศ | thoh dtàang bprà-thâyt |

## 80. El teléfono celular

| teléfono (m) móvil | มือถือ | meu thĕu |
| pantalla (f) | หน้าจอ | nâa jor |
| botón (m) | ปุ่ม | bpùm |
| tarjeta SIM (f) | ซิมการ์ด | sím gàat |

| pila (f) | แบตเตอรี่ | bàet-dter-rêe |
| descargarse (vr) | หมด | mòt |
| cargador (m) | ที่ชาร์จ | thêe châat |

| menú (m) | เมนู | may-noo |
| preferencias (f pl) | การตั้งค่า | gaan dtâng khâa |
| melodía (f) | เสียงเพลง | sĭang phlayng |
| seleccionar (vt) | เลือก | lêuak |

| calculadora (f) | เครื่องคิดเลข | khrêuang khít lâyk |
| contestador (m) | ขอความเสียง | khôr khwaam sĭang |
| despertador (m) | นาฬิกาปลุก | naa-lí-gaa bplùk |
| contactos (m pl) | รายชื่อผู้ติดต่อ | raai chêu phôo dtìt dtòr |

| mensaje (m) de texto | SMS | es-e-mes |
| abonado (m) | ผู้สมัครรับบริการ | phôo sà-màk ráp bor-rí-gaan |

## 81. Los artículos de escritorio

| bolígrafo (m) | ปากกาลูกลื่น | bpàak gaa lôok lêun |
| pluma (f) estilográfica | ปากกาหมึกซึม | bpàak gaa mèuk seum |

| lápiz (f) | ดินสอ | din-sŏr |
| marcador (m) | ปากกาเน้น | bpàak gaa náyn |
| rotulador (m) | ปากกาเมจิค | bpàak gaa may jìk |
| bloc (m) de notas | สมุดจด | sà-mùt jòt |
| agenda (f) | สมุดบันทึกรายวัน | sà-mùt ban-théuk raai wan |

| regla (f) | ไม้บรรทัด | máai ban-thát |
| calculadora (f) | เครื่องคิดเลข | khrêuang khít lâyk |
| goma (f) de borrar | ยางลบ | yaang lóp |
| chincheta (f) | เป๊ก | bpáyk |
| clip (m) | ลวดหนีบกระดาษ | lûat nèep grà-dàat |

| pegamento (m) | กาว | gaao |
| grapadora (f) | ที่เย็บกระดาษ | thêe yép grà-dàat |
| perforador (m) | ที่เจาะรูกระดาษ | thêe jòr roo grà-dàat |
| sacapuntas (m) | ที่เหลาดินสอ | thêe lăo din-sŏr |

## 82. Tipos de negocios

| contabilidad (f) | บริการทำบัญชี | bor-rí-gaan tham ban-chee |
| publicidad (f) | การโฆษณา | gaan khôht-sà-naa |
| agencia (f) de publicidad | บริษัทโฆษณา | bor-rí-sàt khôht-sà-naa |
| climatizadores (m pl) | เครื่องปรับอากาศ | khrêuang bpràp-aa-gàat |
| compañía (f) aérea | สายการบิน | săi gaan bin |

| bebidas (f pl) alcohólicas | เครื่องดื่มแอลกอฮอล์ | khrêuang dèum aen-gor-hor |
| antigüedad (f) | ของเก่า | khŏrng gào |
| galería (f) de arte | หอศิลป์ | hŏr sĭn |
| servicios (m pl) de auditoría | บริการตรวจสอบบัญชี | bor-rí-gaan dtrùat sòrp ban-chee |

| negocio (m) bancario | การธนาคาร | gaan thá-naa-khaan |
| bar (m) | บาร์ | baa |
| salón (m) de belleza | ช่างเสริมสวย | châang sěrm sŭay |
| librería (f) | ร้านขายหนังสือ | ráan khăai năng-sĕu |
| fábrica (f) de cerveza | โรงงานต้มเหล้า | rohng ngaan dtôm lăo |
| centro (m) de negocios | ศูนย์ธุรกิจ | sŏon thú-rá gìt |
| escuela (f) de negocios | โรงเรียนธุรกิจ | rohng rian thú-rá gìt |

| casino (m) | คาสิโน | khaa-sì-noh |
| construcción (f) | การก่อสร้าง | gaan gòr sâang |
| consultoría (f) | การปรึกษา | gaan bprèuk-sǎa |

| estomatología (f) | คลินิกทันตกรรม | khlí-nìk than-ta-gam |
| diseño (m) | การออกแบบ | gaan òrk bàep |
| farmacia (f) | ร้านขายยา | ráan khăai yaa |
| tintorería (f) | ร้านซักแห้ง | ráan sák hâeng |
| agencia (f) de empleo | สำนักงานจัดหางาน | săm-nák ngaan jàt hăa ngaan |

| servicios (m pl) financieros | บริการด้านการเงิน | bor-rí-gaan dâan gaan ngern |
| productos alimenticios | ผลิตภัณฑ์อาหาร | phà-lìt-dtà-phan aa hăan |
| funeraria (f) | บริษัทรับจัดงานศพ | bor-rí-sàt ráp jàt ngaan sòp |
| muebles (m pl) | เครื่องเรือน | khrêuang reuan |
| ropa (f), vestido (m) | เสื้อผ้า | sêua phâa |
| hotel (m) | โรงแรม | rohng raem |

| helado (m) | ไอศกรีม | ai-sà-greem |
| industria (f) | อุตสาหกรรม | út-saa há-gam |
| seguro (m) | การประกัน | gaan bprà-gan |

| internet (m), red (f) | อินเทอร์เน็ต | in-thêr-nét |
| inversiones (f pl) | การลงทุน | gaan long thun |
| joyero (m) | ช่างทำเครื่อง เพชรพลอย | châang tham khrêuang phét phloi |
| joyería (f) | เครื่องเพชรพลอย | khrêuang phét phloi |
| lavandería (f) | โรงซักรีดผ้า | rohng sák rêet phâa |
| asesoría (f) jurídica | คนที่ปรึกษา ทางกฎหมาย | khon thêe bprèuk-sǎa thaang gòt mǎai |
| industria (f) ligera | อุตสาหกรรมเบา | ùt-sǎa-hà-gam bao |
| revista (f) | นิตยสาร | nít-dtà-yá-sǎan |
| venta (f) por catálogo | การขายสินค้า ทางไปรษณีย์ | gaan khǎai sǐn kháa thaang bprai-sà-nee |
| medicina (f) | การแพทย์ | gaan phâet |
| cine (m) (iremos al ~) | โรงภาพยนตร์ | rohng phâap-phá-yon |
| museo (m) | พิพิธภัณฑ์ | phí-phítha phan |
| agencia (f) de información | สำนักข่าว | sǎm-nák khàao |
| periódico (m) | หนังสือพิมพ์ | nǎng-sěu phim |
| club (m) nocturno | ไนท์คลับ | nai-khláp |
| petróleo (m) | น้ำมัน | nám man |
| servicio (m) de entrega | บริการจัดส่ง | bor-rí-gaan jàt sòng |
| industria (f) farmacéutica | เภสัชกรรม | phay-sàt-cha -gam |
| poligrafía (f) | สิ่งพิมพ์ | sìng phim |
| editorial (f) | สำนักพิมพ์ | sǎm-nák phim |
| radio (f) | วิทยุ | wít-thá-yú |
| inmueble (m) | อสังหาริมทรัพย์ | a-sǎng-hǎa-rim-má-sáp |
| restaurante (m) | ร้านอาหาร | ráan aa-hǎan |
| agencia (f) de seguridad | บริษัทรักษา ความปลอดภัย | bor-rí-sàt rák-sǎa khwaam bplòrt phai |
| deporte (m) | กีฬา | gee-laa |
| bolsa (f) de comercio | ตลาดหลักทรัพย์ | dtà-làat làk sáp |
| tienda (f) | ร้านค้า | ráan kháa |
| supermercado (m) | ซูเปอร์มาร์เก็ต | soo-bper-maa-gèt |
| piscina (f) | สระว่ายน้ำ | sà wâai náam |
| taller (m) | ร้านตัดเสื้อ | ráan dtàt sêua |
| televisión (f) | โทรทัศน์ | thoh-rá-thát |
| teatro (m) | โรงละคร | rohng lá-khon |
| comercio (m) | การค้าขาย | gaan kháa khǎai |
| servicios de transporte | การขนส่ง | gaan khǒn sòng |
| turismo (m) | การท่องเที่ยว | gaan thôrng thîeow |
| veterinario (m) | สัตวแพทย์ | sàt phâet |
| almacén (m) | โกดังเก็บสินค้า | goh-dang gèp sǐn kháa |
| recojo (m) de basura | การเก็บขยะ | gaan gèp khà-yà |

# El trabajo. Los negocios. Unidad 2

## 83. El espectáculo. La exhibición

| | | |
|---|---|---|
| exposición, feria (f) | งานแสดง | ngaan sà-daeng |
| feria (f) comercial | งานแสดงสินค้า | ngaan sà-daeng sĭn kháa |
| | | |
| participación (f) | การเข้าร่วม | gaan khâo rûam |
| participar (vi) | เขาร่วมใน | khâo rûam nai |
| participante (m) | ผูเขารวม | phôo khâo rûam |
| | | |
| director (m) | ผู้อำนวยการ | phôo am-nuay gaan |
| dirección (f) | สำนักงานผูจัด | săm-nák ngaan phôo jàt |
| organizador (m) | ผูจัด | phôo jàt |
| organizar (vt) | จัด | jàt |
| | | |
| solicitud (f) de participación | แบบฟอร์มลงทะเบียน | bàep form long thá-bian |
| rellenar (vt) | กรอก | gròrk |
| detalles (m pl) | รายละเอียด | raai lá-ìat |
| información (f) | ขอมูล | khôr moon |
| | | |
| precio (m) | ราคา | raa-khaa |
| incluso | รวมถึง | ruam thĕung |
| incluir (vt) | รวม | ruam |
| pagar (vi, vt) | จาย | jàai |
| cuota (f) de registro | คาลงทะเบียน | khâa long thá-bian |
| | | |
| entrada (f) | ทางเข้า | thaang khâo |
| pabellón (m) | ศาลา | săa-laa |
| registrar (vt) | ลงทะเบียน | long thá-bian |
| tarjeta (f) de identificación | ป้ายชื่อ | bpâai chêu |
| | | |
| stand (m) | บูธแสดงสินค้า | bòot sà-daeng sĭn kháa |
| reservar (vt) | จอง | jorng |
| | | |
| vitrina (f) | ตู้โชว์สินค้า | dtôo choh sĭn kháa |
| lámpara (f) | ไฟรวมแสงบนเวที | fai ruam săeng bon way-thee |
| diseño (m) | การออกแบบ | gaan òrk bàep |
| poner (colocar) | วาง | waang |
| situarse (vr) | ถูกตั้ง | thòok dtâng |
| | | |
| distribuidor (m) | ผู้จัดจำหน่าย | phôo jàt jam-nàai |
| proveedor (m) | ผูจัดหา | phôo jàt hăa |
| suministrar (vt) | จัดหา | jàt hăa |
| | | |
| país (m) | ประเทศ | bprà-thâyt |
| extranjero (adj) | ตางชาติ | dtàang châat |
| producto (m) | ผลิตภัณฑ์ | phà-lìt-dtà-phan |
| asociación (f) | สมาคม | sà-maa khom |
| sala (f) de conferencias | หองประชุม | hôrng bprà-chum |

| congreso (m) | การประชุม | gaan bprà-chum |
| concurso (m) | การแข่งขัน | gaan khàeng khăn |

| visitante (m) | ผู้เข้าร่วม | phôo khâo rûam |
| visitar (vt) | เข้าร่วม | khâo rûam |
| cliente (m) | ลูกค้า | lôok kháa |

## 84. La ciencia. La investigación. Los científicos

| ciencia (f) | วิทยาศาสตร์ | wít-thá-yaa sàat |
| científico (adj) | ทางวิทยาศาสตร์ | thaang wít-thá-yaa sàat |
| científico (m) | นักวิทยาศาสตร | nák wít-thá-yaa sàat |
| teoría (f) | ทฤษฎี | thrít-sà-dee |

| axioma (m) | สัจพจน์ | sàt-jà-phót |
| análisis (m) | การวิเคราะห์ | gaan wí-khrór |
| analizar (vt) | วิเคราะห์ | wí-khrór |
| argumento (m) | ขอโต้แยง | khôr dtôh yáeng |
| sustancia (f) (materia) | สาร | săan |

| hipótesis (f) | สมมติฐาน | sŏm-mút thăan |
| dilema (m) | โจทย | jòht |
| tesis (f) de grado | ปริญญานิพนธ์ | bpà-rin-yaa ní-phon |
| dogma (m) | หลัก | làk |

| doctrina (f) | หลักคำสอน | làk kham sŏrn |
| investigación (f) | การวิจัย | gaan wí-jai |
| investigar (vt) | วิจัย | wí-jai |
| prueba (f) | การควบคุม | gaan khûap khum |
| laboratorio (m) | หองทดลอง | hôrng thót lorng |

| método (m) | วิธี | wí-thee |
| molécula (f) | โมเลกุล | moh-lay-gun |
| seguimiento (m) | การเฝ้าสังเกต | gaan fâo săng-gàyt |
| descubrimiento (m) | การคนพบ | gaan khón phóp |

| postulado (m) | สัจพจน์ | sàt-jà-phót |
| principio (m) | หลักการ | làk gaan |
| pronóstico (m) | การคาดการณ์ | gaan khâat gaan |
| pronosticar (vt) | คาดการณ์ | khâat gaan |

| síntesis (f) | การสังเคราะห์ | gaan săng-khrór |
| tendencia (f) | แนวโน้ม | naew nóhm |
| teorema (m) | ทฤษฎีบท | thrít-sà-dee bòt |

| enseñanzas (f pl) | คำสอน | kham sŏrn |
| hecho (m) | ขอเท็จจริง | khôr thét jing |
| expedición (f) | การสำรวจ | gaan săm-rùat |
| experimento (m) | การทดลอง | gaan thót lorng |

| académico (m) | นักวิชาการ | nák wí-chaa gaan |
| bachiller (m) | บัณฑิต | ban-dìt |
| doctorado (m) | ดุษฎีบัณฑิต | dùt-sà-dee ban-dìt |
| docente (m) | รองศาสตราจารย์ | rorng sàat-sà-dtraa-jaan |

| Master (m) (~ en Letras) | มหาบัณฑิต | má-hǎa ban-dìt |
| profesor (m) | ศาสตราจารย์ | sàat-sà-dtraa-jaan |

# Las profesiones y los oficios

## 85. La búsqueda de trabajo. El despido del trabajo

| | | |
|---|---|---|
| trabajo (m) | งาน | ngaan |
| empleados (pl) | พนักงาน | phá-nák ngaan |
| personal (m) | พนักงาน | phá-nák ngaan |
| carrera (f) | อาชีพ | aa-chêep |
| perspectiva (f) | โอกาส | oh-gàat |
| maestría (f) | ทักษะ | thák-sà |
| selección (f) | การคัดเลือก | gaan khát lêuak |
| agencia (f) de empleo | สำนักงาน จัดหางาน | sǎm-nák ngaan jàt hǎa ngaan |
| curriculum vitae (m) | ประวัติย่อ | bprà-wàt yôr |
| entrevista (f) | สัมภาษณ์งาน | sǎm-phâat ngaan |
| vacancia (f) | ตำแหน่งว่าง | dtam-nàeng wâang |
| salario (m) | เงินเดือน | ngern deuan |
| salario (m) fijo | เงินเดือน | ngern deuan |
| remuneración (f) | คาแรง | khâa raeng |
| puesto (m) (trabajo) | ตำแหน่ง | dtam-nàeng |
| deber (m) | หน้าที่ | nâa thêe |
| gama (f) de deberes | หน้าที่ | nâa thêe |
| ocupado (adj) | ไม่ว่าง | mâi wâang |
| despedir (vt) | ไล่ออก | lâi òrk |
| despido (m) | การไลออก | gaan lâi òrk |
| desempleo (m) | การว่างงาน | gaan wâang ngaan |
| desempleado (m) | คนว่างงาน | khon wâang ngaan |
| jubilación (f) | การเกษียณอายุ | gaan gà-sǐan aa-yú |
| jubilarse | เกษียณ | gà-sǐan |

## 86. Los negociantes

| | | |
|---|---|---|
| director (m) | ผู้อำนวยการ | phôo am-nuay gaan |
| gerente (m) | ผู้จัดการ | phôo jàt gaan |
| jefe (m) | หัวหน้า | hǔa-nâa |
| superior (m) | ผู้บังคับบัญชา | phôo bang-kháp ban-chaa |
| superiores (m pl) | คณะผู้บังคับ บัญชา | khá-ná phôo bang-kháp ban-chaa |
| presidente (m) | ประธานาธิปดี | bprà-thaa-naa-thí-bor-dee |
| presidente (m) (de compañía) | ประธาน | bprà-thaan |
| adjunto (m) | รอง | rorng |

| | | |
|---|---|---|
| asistente (m) | ผู้ช่วย | phôo chûay |
| secretario, -a (m, f) | เลขา | lay-khǎa |
| secretario (m) particular | ผู้ช่วยส่วนบุคคล | phôo chûay sùan bùk-khon |
| | | |
| hombre (m) de negocios | นักธุรกิจ | nák thú-rá-gìt |
| emprendedor (m) | ผู้ประกอบการ | phôo bprà-gòp gaan |
| | | |
| fundador (m) | ผู้ก่อตั้ง | phôo gòr dtâng |
| fundar (vt) | ก่อตั้ง | gòr dtâng |
| | | |
| institutor (m) | ผู้ก่อตั้ง | phôo gòr dtâng |
| compañero (m) | หุ้นส่วน | hûn sùan |
| accionista (m) | ผู้ถือหุ้น | phôo thěu hûn |
| | | |
| millonario (m) | เศรษฐีเงินล้าน | sàyt-thěe ngern láan |
| multimillonario (m) | มหาเศรษฐี | má-hǎa sàyt-thěe |
| | | |
| propietario (m) | เจ้าของ | jâo khǒrng |
| terrateniente (m) | เจ้าของที่ดิน | jâo khǒrng thêe din |
| | | |
| cliente (m) | ลูกค้า | lôok kháa |
| cliente (m) habitual | ลูกค้าประจำ | lôok kháa bprà-jam |
| | | |
| comprador (m) | ลูกค้า | lôok kháa |
| visitante (m) | ผู้เขารวม | phôo khâo rûam |
| | | |
| profesional (m) | ผู้เป็นมืออาชีพ | phôo bpen meu aa-chêep |
| experto (m) | ผู้เชี่ยวชาญ | phôo chîeow-chaan |
| especialista (m) | ผู้ชำนาญ | phôo cham-naan |
| | เฉพาะทาง | chà-phó thaang |
| | | |
| banquero (m) | พนักงาน | phá-nák ngaan |
| | ธนาคาร | thá-naa-khaan |
| broker (m) | นายหน้า | naai nâa |
| | | |
| cajero (m) | แคชเชียร์ | khâet chia |
| contable (m) | นักบัญชี | nák ban-chee |
| guardia (m) de seguridad | ยาม | yaam |
| | | |
| inversionista (m) | ผู้ลงทุน | phôo long thun |
| deudor (m) | ลูกหนี้ | lôok nêe |
| | | |
| acreedor (m) | เจ้าหนี้ | jâo nêe |
| prestatario (m) | ผู้ยืม | phôo yeum |
| | | |
| importador (m) | ผู้นำเข้า | phôo nam khâo |
| exportador (m) | ผู้ส่งออก | phôo sòng òrk |
| | | |
| productor (m) | ผู้ผลิต | phôo phà-lìt |
| distribuidor (m) | ผู้จัดจำหน่าย | phôo jàt jam-nàai |
| intermediario (m) | คนกลาง | khon glaang |
| | | |
| asesor (m) (~ fiscal) | ที่ปรึกษา | thêe bprèuk-sǎa |
| representante (m) | พนักงานขาย | phá-nák ngaan khǎai |
| agente (m) | ตัวแทน | dtua thaen |
| agente (m) de seguros | ตัวแทนประกัน | dtua thaen bprà-gan |

## 87. Los trabajos de servicio

| | | |
|---|---|---|
| cocinero (m) | คูนครัว | khon khrua |
| jefe (m) de cocina | กุก | gúk |
| panadero (m) | ช่างอบขนมปัง | châang òp khà-nŏm bpang |
| | | |
| barman (m) | บาร์เทนเดอร์ | baa-thayn-dêr |
| camarero (m) | พนักงานเสิร์ฟชาย | phá-nák ngaan sèrf chaai |
| camarera (f) | พนักงานเสิร์ฟหญิง | phá-nák ngaan sèrf yĭng |
| | | |
| abogado (m) | ทนายความ | thá-naai khwaam |
| jurista (m) | นักกฎหมาย | nák gòt măai |
| notario (m) | พนักงานจดทะเบียน | phá-nák ngaan jòt thá-bian |
| | | |
| electricista (m) | ช่างไฟฟ้า | châang fai-fáa |
| fontanero (m) | ช่างประปา | châang bprà-bpaa |
| carpintero (m) | ช่างไม้ | châang máai |
| | | |
| masajista (m) | หมอนวดชาย | mŏr nûat chaai |
| masajista (f) | หมอนวดหญิง | mŏr nûat yĭng |
| médico (m) | แพทย์ | phâet |
| | | |
| taxista (m) | คนขับแท็กซี่ | khon khàp tháek-sêe |
| chófer (m) | คนขับ | khon khàp |
| repartidor (m) | คนส่งของ | khon sòng khŏrng |
| | | |
| camarera (f) | แม่บ้าน | mâe bâan |
| guardia (m) de seguridad | ยาม | yaam |
| azafata (f) | พนักงานต้อนรับ บนเครื่องบิน | phá-nák ngaan dtôrn ráp bon khrêuang bin |
| | | |
| profesor (m) (~ de baile, etc.) | อาจารย์ | aa-jaan |
| bibliotecario (m) | บรรณารักษ์ | ban-naa-rák |
| traductor (m) | นักแปล | nák bplae |
| intérprete (m) | ล่าม | lâam |
| guía (m) | มัคคุเทศก์ | mák-khú-thâyt |
| | | |
| peluquero (m) | ช่างทำผม | châang tham phŏm |
| cartero (m) | บุรุษไปรษณีย์ | bù-rùt bprai-sà-nee |
| vendedor (m) | คนขายของ | khon khăai khŏrng |
| | | |
| jardinero (m) | ชาวสวน | chaao sŭan |
| servidor (m) | คนใช้ | khon chái |
| criada (f) | สาวใช้ | săao chái |
| mujer (f) de la limpieza | คนทำความสะอาด | khon tham khwaam sà-àat |

## 88. La profesión militar y los rangos

| | | |
|---|---|---|
| soldado (m) raso | พลทหาร | phon-thá-hăan |
| sargento (m) | สิบเอก | sìp àyk |
| teniente (m) | ร้อยโท | rói thoh |
| capitán (m) | ร้อยเอก | rói àyk |
| mayor (m) | พลตรี | phon-dtree |

| coronel (m) | พันเอก | phan àyk |
| general (m) | นายพล | naai phon |
| mariscal (m) | จอมพล | jorm phon |
| almirante (m) | พลเรือเอก | phon reua àyk |

| militar (m) | ทางทหาร | thaang thá-hǎan |
| soldado (m) | ทหาร | thá-hǎan |
| oficial (m) | นายทหาร | naai thá-hǎan |
| comandante (m) | ผู้บัญชาการ | phôo ban-chaa gaan |

| guardafronteras (m) | ยามเฝ้าชายแดน | yaam fâo chaai daen |
| radio-operador (m) | พลวิทยุ | phon wít-thá-yú |
| explorador (m) | ทหารพราน | thá-hǎan phraan |
| zapador (m) | ทหารช่าง | thá-hǎan châang |
| tirador (m) | พลแมนปืน | phon mâen bpeun |
| navegador (m) | ตนหน | dtôn hǒn |

## 89. Los oficiales. Los sacerdotes

| rey (m) | กษัตริย์ | gà-sàt |
| reina (f) | ราชินี | raa-chí-nee |

| príncipe (m) | เจ้าชาย | jâo chaai |
| princesa (f) | เจ้าหญิง | jâo yǐng |

| zar (m) | ซาร์ | saa |
| zarina (f) | ซารีนา | saa-ree-naa |

| presidente (m) | ประธานาธิบดี | bprà-thaa-naa-thí-bor-dee |
| ministro (m) | รัฐมนตรี | rát-thà-mon-dtree |
| primer ministro (m) | นายกรัฐมนตรี | naa-yók rát-thà-mon-dtree |
| senador (m) | สมาชิกวุฒิสภา | sà-maa-chík wút-thí sà-phaa |

| diplomático (m) | นักการทูต | nák gaan thôot |
| cónsul (m) | กงสุล | gong-sǔn |
| embajador (m) | เอกอัครราชทูต | àyk-gà-àk-krá-râat-chá-tôot |
| consejero (m) | เจ้าหน้าที่การทูต | jâo nâa-thêe gaan thôot |

| funcionario (m) | ข้าราชการ | khâa râat-chá-gaan |
| prefecto (m) | เจ้าหน้าที่ | jâo nâa-thêe |
| alcalde (m) | นายกเทศมนตรี | naa-yók thâyt-sà-mon-dtree |

| juez (m) | ผู้พิพากษา | phôo phí-phâak-sǎa |
| fiscal (m) | อัยการ | ai-yá-gaan |

| misionero (m) | ผู้สอนศาสนา | phôo sǒrn sàat-sà-nǎa |
| monje (m) | พระ | phrá |

| abad (m) | เจ้าอาวาส | jâo aa-wâat |
| rabino (m) | พระในศาสนายิว | phrá nai sàat-sà-nǎa yiw |

| visir (m) | วีซีร์ | wee see |
| sha (m), shah (m) | กษัตริย์อิหร่าน | gà-sàt i-ràan |
| jeque (m) | หัวหน้าเผ่าอาหรับ | hǔa nâa phào aa-ràp |

## 90. Las profesiones agrícolas

| | | |
|---|---|---|
| apicultor (m) | คนเลี้ยงผึ้ง | khon líang phêung |
| pastor (m) | คนเลี้ยงปศุสัตว์ | khon líang bpà-sù-sàt |
| agrónomo (m) | นักปฐพีวิทยา | nák bpà-tà-phee wít-thá-yaa |
| ganadero (m) | ผู้ขยายพันธุ์สัตว์ | phôo khà-yǎai phan sàt |
| veterinario (m) | สัตวแพทย์ | sàt phâet |
| | | |
| granjero (m) | ชาวนา | chaao naa |
| vinicultor (m) | ผู้ผลิตไวน์ | phôo phà-lìt wai |
| zoólogo (m) | นักสัตววิทยา | nák sàt wít-thá-yaa |
| cowboy (m) | โคบาล | khoh-baan |

## 91. Las profesiones artísticas

| | | |
|---|---|---|
| actor (m) | นักแสดงชาย | nák sà-daeng chaai |
| actriz (f) | นักแสดงหญิง | nák sà-daeng yǐng |
| | | |
| cantante (m) | นักร้องชาย | nák rórng chaai |
| cantante (f) | นักร้องหญิง | nák rórng yǐng |
| | | |
| bailarín (m) | นักเต้นชาย | nák dtên chaai |
| bailarina (f) | นักเต้นหญิง | nák dtên yǐng |
| | | |
| artista (m) | นักแสดงชาย | nák sà-daeng chaai |
| artista (f) | นักแสดงหญิง | nák sà-daeng yǐng |
| músico (m) | นักดนตรี | nák don-dtree |
| pianista (m) | นักเปียโน | nák bpia noh |
| guitarrista (m) | ผู้เล่นกีตาร์ | phôo lên gee-dtâa |
| | | |
| director (m) de orquesta | ผู้ควบคุม<br>วงดนตรี | phôo khûap khum<br>wong don-dtree |
| compositor (m) | นักแต่งเพลง | nák dtàeng phlayng |
| empresario (m) | ผู้ควบคุม<br>การแสดง | phôo khûap khum<br>gaan sà-daeng |
| | | |
| director (m) de cine | ผู้กำกับ<br>ภาพยนตร์ | phôo gam-gàp<br>phâap-phá-yon |
| productor (m) | ผู้อำนวยการสร้าง | phôo am-nuay gaan sâang |
| guionista (m) | คนเขียนบท<br>ภาพยนตร์ | khon khǐan bòt<br>phâap-phá-yon |
| crítico (m) | นักวิจารณ์ | nák wí-jaan |
| | | |
| escritor (m) | นักเขียน | nák khǐan |
| poeta (m) | นักกวี | nák gà-wee |
| escultor (m) | ช่างสลัก | châang sà-làk |
| pintor (m) | ช่างวาดรูป | châang wâat rôop |
| | | |
| malabarista (m) | นักมายากล<br>โยนของ | nák maa-yaa gon<br>yohn khǒrng |
| payaso (m) | ตัวตลก | dtua dtà-lòk |
| acróbata (m) | นักกายกรรม | nák gaai-yá-gam |
| ilusionista (m) | นักเล่นกล | nák lên gon |

## 92. Profesiones diversas

| médico (m) | แพทย์ | phâet |
| enfermera (f) | พยาบาล | phá-yaa-baan |
| psiquiatra (m) | จิตแพทย์ | jìt-dtà-phâet |
| estomatólogo (m) | ทันตแพทย์ | than-dtà phâet |
| cirujano (m) | ศัลยแพทย์ | săn-yá-phâet |
| | | |
| astronauta (m) | นักบินอวกาศ | nák bin a-wá-gàat |
| astrónomo (m) | นักดาราศาสตร์ | nák daa-raa sàat |
| piloto (m) | นักบิน | nák bin |
| | | |
| conductor (m) (chófer) | คนขับ | khon khàp |
| maquinista (m) | คนขับรถไฟ | khon khàp rót fai |
| mecánico (m) | ช่างเครื่อง | châang khrêuang |
| | | |
| minero (m) | คนงานเหมือง | khon ngaan mĕuang |
| obrero (m) | คนงาน | khon ngaan |
| cerrajero (m) | ช่างโลหะ | châang loh-hà |
| carpintero (m) | ช่างไม้ | châang máai |
| tornero (m) | ช่างกลึง | châang gleung |
| albañil (m) | คนงานก่อสร้าง | khon ngaan gòr sâang |
| soldador (m) | ช่างเชื่อม | châang chêuam |
| | | |
| profesor (m) (título) | ศาสตราจารย์ | sàat-sà-dtraa-jaan |
| arquitecto (m) | สถาปนิก | sà-thăa-bpà-ník |
| historiador (m) | นักประวัติศาสตร์ | nák bprà-wàt sàat |
| científico (m) | นักวิทยาศาสตร | nák wít-thá-yaa sàat |
| físico (m) | นักฟิสิกส์ | nák fí-sìk |
| químico (m) | นักเคมี | nák khay-mee |
| | | |
| arqueólogo (m) | นักโบราณคดี | nák boh-raan-ná-khá-dee |
| geólogo (m) | นักธรณีวิทยา | nák thor-rá-nee wít-thá-yaa |
| investigador (m) | ผู้วิจัย | phôo wí-jai |
| | | |
| niñera (f) | พี่เลี้ยงเด็ก | phêe líang dèk |
| pedagogo (m) | อาจารย์ | aa-jaan |
| | | |
| redactor (m) | บรรณาธิการ | ban-naa-thí-gaan |
| redactor jefe (m) | หัวหน้าบรรณาธิการ | hŭa nâa ban-naa-thí-gaan |
| corresponsal (m) | ผู้สื่อข่าว | phôo sèu khàao |
| mecanógrafa (f) | พนักงานพิมพ์ดีด | phá-nák ngaan phim dèet |
| | | |
| diseñador (m) | นักออกแบบ | nák òrk bàep |
| especialista (m) | ผู้เชี่ยวชาญด้าน | pôo chîeow-chaan dâan |
| en ordenadores | คอมพิวเตอร์ | khorm-piw-dtêr |
| programador (m) | นักเขียนโปรแกรม | nák khĭan bproh-graem |
| ingeniero (m) | วิศวกร | wít-sà-wá-gon |
| | | |
| marino (m) | กะลาสี | gà-laa-sĕe |
| marinero (m) | คนเรือ | khon reua |
| socorrista (m) | นักกู้ภัย | nák gôo phai |
| | | |
| bombero (m) | เจ้าหน้าที่ดับเพลิง | jâo nâa-thêe dàp phlerng |
| policía (m) | เจาหน้าที่ตำรวจ | jâo nâa-thêe dtam-rùat |

| vigilante (m) nocturno | คนยาม | khon yaam |
| detective (m) | นักสืบ | nák sèup |

| aduanero (m) | เจ้าหน้าที่ศุลกากร | jâo nâa-thêe sŭn-lá-gaa-gon |
| guardaespaldas (m) | ผู้คุมกัน | phôo khúm gan |
| guardia (m) de prisiones | ผู้คุม | phôo khum |
| inspector (m) | ผู้ตรวจการ | phôo dtrùat gaan |

| deportista (m) | นักกีฬา | nák gee-laa |
| entrenador (m) | โค้ช | khóht |
| carnicero (m) | คนขายเนื้อ | khon khǎai néua |
| zapatero (m) | คนซ่อมรองเท้า | khon sôrm rorng tháo |
| comerciante (m) | คนค้า | khon kháa |
| cargador (m) | คนงานยกของ | khon ngaan yók khǒrng |

| diseñador (m) de modas | นักออกแบบแฟชั่น | nák òrk bàep fae-chân |
| modelo (f) | นางแบบ | naang bàep |

## 93. Los trabajos. El estatus social

| escolar (m) | นักเรียน | nák rian |
| estudiante (m) | นักศึกษา | nák sèuk-sǎa |

| filósofo (m) | นักปราชญ์ | nák bpràat |
| economista (m) | นักเศรษฐศาสตร์ | nák sàyt-thà-sàat |
| inventor (m) | นักประดิษฐ์ | nák bprà-dìt |

| desempleado (m) | คนว่างงาน | khon wâang ngaan |
| jubilado (m) | ผู้เกษียณอายุ | phôo gà-sǐan aa-yú |
| espía (m) | สายลับ | sǎai láp |

| prisionero (m) | นักโทษ | nák thôht |
| huelguista (m) | คนนัดหยุดงาน | kon nát yùt ngaan |
| burócrata (m) | อำมาตย์ | am-màat |
| viajero (m) | นักเดินทาง | nák dern-thaang |

| homosexual (m) | ผู้รักเพศเดียวกัน | phôo rák phâyt dieow gan |
| hacker (m) | แฮ็กเกอร์ | háek-gêr |
| hippie (m) | ฮิปปี้ | híp-bpêe |

| bandido (m) | โจร | john |
| sicario (m) | นักฆ่า | nák khâa |
| drogadicto (m) | ผู้ติดยาเสพติด | phôo dtìt yaa-sàyp-dtìt |
| narcotraficante (m) | ผู้ค้ายาเสพติด | phôo kháa yaa-sàyp-dtìt |

| prostituta (f) | โสเภณี | sǒh-phay-nee |
| chulo (m), proxeneta (m) | แมงดา | maeng-daa |

| brujo (m) | พ่อมด | phôr mót |
| bruja (f) | แม่มด | mâe mót |
| pirata (m) | โจรสลัด | john sà-làt |
| esclavo (m) | ทาส | thâat |
| samurai (m) | ซามูไร | saa-moo-rai |
| salvaje (m) | คนป่าเถื่อน | khon bpàa thèuan |

# La educación

| | | |
|---|---|---|
| escuela (f) | โรงเรียน | rohng rian |
| director (m) de escuela | อาจารย์ใหญ่ | aa-jaan yài |
| alumno (m) | นักเรียน | nák rian |
| alumna (f) | นักเรียน | nák rian |
| escolar (m) | เด็กนักเรียนชาย | dèk nák rian chaai |
| escolar (f) | เด็กนักเรียนหญิง | dèk nák rian yǐng |
| enseñar (vt) | สอน | sǒrn |
| aprender (ingles, etc.) | เรียน | rian |
| aprender de memoria | ท่องจำ | thôrng jam |
| aprender (a leer, etc.) | เรียน | rian |
| estar en la escuela | ไปโรงเรียน | bpai rohng rian |
| ir a la escuela | ไปโรงเรียน | bpai rohng rian |
| alfabeto (m) | ตัวอักษร | dtua àk-sǒn |
| materia (f) | วิชา | wí-chaa |
| clase (f), aula (f) | ห้องเรียน | hôrng rian |
| lección (f) | ชั่วโมงเรียน | chûa mohng rian |
| recreo (m) | ช่วงพัก | chûang phák |
| campana (f) | สัญญาณหมดเรียน | sǎn-yaan mòt rian |
| pupitre (m) | โต๊ะนักเรียน | dtó nák rian |
| pizarra (f) | กระดานดำ | grà-daan dam |
| nota (f) | เกรด | gràyt |
| buena nota (f) | เกรดดี | gràyt dee |
| mala nota (f) | เกรดแย่ | gràyt yâe |
| poner una nota | ให้เกรด | hâi gràyt |
| falta (f) | ข้อผิดพลาด | khôr phìt phlâat |
| hacer faltas | ทำผิดพลาด | tham phìt phlâat |
| corregir (un error) | แก้ไข | gâe khǎi |
| chuleta (f) | โพย | phoi |
| deberes (m pl) de casa | การบ้าน | gaan bâan |
| ejercicio (m) | แบบฝึกหัด | bàep fèuk hàt |
| estar presente | มาเรียน | maa rian |
| estar ausente | ขาด | khàat |
| faltar a las clases | ขาดเรียน | khàat rian |
| castigar (vt) | ลงโทษ | long thôht |
| castigo (m) | การลงโทษ | gaan long thôht |
| conducta (f) | ความประพฤติ | khwaam bprà-préut |

| libreta (f) de notas | สมุดพก | sà-mùt phók |
| lápiz (f) | ดินสอ | din-sŏr |
| goma (f) de borrar | ยางลบ | yaang lóp |
| tiza (f) | ชอุลค | chôrk |
| cartuchera (f) | กลองดินสอ | glòrng din-sŏr |

| mochila (f) | กระเป๋า | grà-bpǎo |
| bolígrafo (m) | ปากกา | bpàak gaa |
| cuaderno (m) | สมุดจด | sà-mùt jòt |
| manual (m) | หนังสือเรียน | năng-sĕu rian |
| compás (m) | วงเวียน | wong wian |

| trazar (vi, vt) | ร่างภาพทางเทคนิค | râang phâap thaang thék-nìk |
| dibujo (m) técnico | ภาพร่างทางเทคนิค | phâap-râang thaang thék-nìk |

| poema (m), poesía (f) | กลอน | glorn |
| de memoria (adv) | โดยท่องจำ | doi thôrng jam |
| aprender de memoria | ท่องจำ | thôrng jam |

| vacaciones (f pl) | เวลาปิดเทอม | way-laa bpìt therm |
| estar de vacaciones | หยุดปิดเทอม | yùt bpìt therm |
| pasar las vacaciones | ใช้เวลาหยุดปิดเทอม | chái way-laa yùt bpìt therm |

| prueba (f) escrita | การทดสอบ | gaan thót sòrp |
| composición (f) | ความเรียง | khwaam riang |
| dictado (m) | การเขียนตามคำบอก | gaan khĭan dtaam kam bòrk |
| examen (m) | การสอบ | gaan sòrp |
| hacer un examen | สอบไล่ | sòrp lâi |
| experimento (m) | การทดลอง | gaan thót lorng |

## 95. Los institutos. La Universidad

| academia (f) | โรงเรียน | rohng rian |
| universidad (f) | มหาวิทยาลัย | má-hăa wít-thá-yaa-lai |
| facultad (f) | คณะ | khá-ná |

| estudiante (m) | นักศึกษา | nák sèuk-sǎa |
| estudiante (f) | นักศึกษา | nák sèuk-sǎa |
| profesor (m) | อาจารย | aa-jaan |

| aula (f) | ห้องบรรยาย | hôrng ban-yaai |
| graduado (m) | บัณฑิต | ban-dìt |

| diploma (m) | อนุปริญญา | a-nú bpà-rin-yaa |
| tesis (f) de grado | ปริญญานิพนธ์ | bpà-rin-yaa ní-phon |

| estudio (m) | การวิจัย | gaan wí-jai |
| laboratorio (m) | หองปฏิบัติการ | hôrng bpà-dtì-bàt gaan |

| clase (f) | การบรรยาย | gaan ban-yaai |
| compañero (m) de curso | เพื่อนรวมชั้น | phêuan rûam chán |

| beca (f) | ทุน | thun |
| grado (m) académico | วุฒิการศึกษา | wút-thí gaan sèuk-sǎa |

## 96. Las ciencias. Las disciplinas

| | | |
|---|---|---|
| matemáticas (f pl) | คณิตศาสตร์ | khá-nít sàat |
| álgebra (f) | พีชคณิต | phee-chá-khá-nít |
| geometría (f) | เรขาคณิต | ray-khǎa khá-nít |
| | | |
| astronomía (f) | ดาราศาสตร์ | daa-raa sàat |
| biología (f) | ชีววิทยา | chee-wá-wít-thá-yaa |
| geografía (f) | ภูมิศาสตร์ | phoo-mí-sàat |
| geología (f) | ธรณีวิทยา | thor-rá-nee wít-thá-yaa |
| historia (f) | ประวัติศาสตร์ | bprà-wàt sàat |
| | | |
| medicina (f) | แพทยศาสตร์ | phâet-tha-ya-sàat |
| pedagogía (f) | ครุศาสตร | khrú sàat |
| derecho (m) | ธรรมศาสตร์ | tham-ma -sàat |
| | | |
| física (f) | ฟิสิกส์ | fí-sìk |
| química (f) | เคมี | khay-mee |
| filosofía (f) | ปรัชญา | bpràt-yaa |
| psicología (f) | จิตวิทยา | jìt-wít-thá-yaa |

## 97. Los sistemas de escritura. La ortografía

| | | |
|---|---|---|
| gramática (f) | ไวยากรณ์ | wai-yaa-gon |
| vocabulario (m) | คำศัพท | kham sàp |
| fonética (f) | การออกเสียง | gaan òrk sǐang |
| | | |
| sustantivo (m) | นาม | naam |
| adjetivo (m) | คำคุณศัพท์ | kham khun-ná-sàp |
| verbo (m) | กริยา | grì-yaa |
| adverbio (m) | คำวิเศษณ์ | kham wí-sàyt |
| | | |
| pronombre (m) | คำสรรพนาม | kham sàp-phá-naam |
| interjección (f) | คำอุทาน | kham u-thaan |
| preposición (f) | คำบุพบท | kham bùp-phá-bòt |
| | | |
| raíz (f), radical (m) | รากศัพท | râak sàp |
| desinencia (f) | คำลงท้าย | kham long tháai |
| prefijo (m) | คำนำหน้า | kham nam nâa |
| sílaba (f) | พยางค | phá-yaang |
| sufijo (m) | คำเสริมท้าย | kham sěrm tháai |
| | | |
| acento (m) | เครื่องหมายเน้น | khrêuang mǎai náyn |
| apóstrofo (m) | อะพอสทรอฟี | à-phor-sòt-ror-fee |
| | | |
| punto (m) | จุด | jùt |
| coma (f) | จุลภาค | jun-lá-phâak |
| punto y coma | อัฒภาค | àt-thá-phâak |
| dos puntos (m pl) | ทวิภาค | thá-wí phâak |
| puntos (m pl) suspensivos | การละไว้ | gaan lá wái |
| | | |
| signo (m) de interrogación | เครื่องหมายปรัศนี | khrêuang mǎai bpràt-nee |
| signo (m) de admiración | เครื่องหมายอัศเจรีย์ | khrêuang mǎai àt-sà-jay-ree |

| comillas (f pl) | อัญประกาศ | an-yá-bprà-gàat |
| entre comillas | ในอัญประกาศ | nai an-yá-bprà-gàat |
| paréntesis (m) | วงเล็บ | wong lép |
| entre paréntesis | ในวงเล็บ | nai wong lép |

| guión (m) | ยัติภังค์ | yát-dtì-phang |
| raya (f) | ขีดคั่น | khèet khân |
| blanco (m) | ช่องไฟ | chôrng fai |

| letra (f) | ตัวอักษร | dtua àk-sŏn |
| letra (f) mayúscula | อักษรตัวใหญ่ | àk-sŏn dtua yài |

| vocal (f) | สระ | sà-ra |
| consonante (m) | พยัญชนะ | phá-yan-chá-ná |

| oración (f) | ประโยค | bprà-yòhk |
| sujeto (m) | ภาคประธาน | phâak bprà-thaan |
| predicado (m) | ภาคแสดง | phâak sà-daeng |

| línea (f) | บรรทัด | ban-thát |
| en una nueva línea | ที่บรรทัดใหม่ | têe ban-thát mài |
| párrafo (m) | วรรค | wák |

| palabra (f) | คำ | kham |
| combinación (f) de palabras | กลุ่มคำ | glùm kham |
| expresión (f) | วลี | wá-lee |
| sinónimo (m) | คำพ้องความหมาย | kham phóng khwaam măai |
| antónimo (m) | คำตรงกันข้าม | kham dtrorng gan khâam |

| regla (f) | กฎ | gòt |
| excepción (f) | ข้อยกเว้น | khôr yok-wâyn |
| correcto (adj) | ถูก | thòok |

| conjugación (f) | คอนจูเกชัน | khorn joo gay chan |
| declinación (f) | การกระจายคำ | gaan grà-jaai kham |
| caso (m) | การก | gaa-rók |
| pregunta (f) | คำถาม | kham thăam |
| subrayar (vt) | ขีดเส้นใต้ | khèet sên dtâi |
| línea (f) de puntos | เส้นประ | sên bprà |

## 98. Los idiomas extranjeros

| lengua (f) | ภาษา | phaa-săa |
| extranjero (adj) | ต่างชาติ | dtàang châat |
| lengua (f) extranjera | ภาษาต่างชาติ | phaa-săa dtàang châat |
| estudiar (vt) | เรียน | rian |
| aprender (ingles, etc.) | เรียน | rian |

| leer (vi, vt) | อ่าน | àan |
| hablar (vi, vt) | พูด | phôot |
| comprender (vt) | เข้าใจ | khâo jai |
| escribir (vt) | เขียน | khĭan |
| rápidamente (adv) | รวดเร็ว | rûat reo |
| lentamente (adv) | อย่างช้า | yàang cháa |

| con fluidez (adv) | อย่างคล่อง | yàang khlôrng |
| reglas (f pl) | กฎ | gòt |
| gramática (f) | ไวยากรณ์ | wai-yaa-gon |
| vocabulario (m) | คำศัพท์ | kham sàp |
| fonética (f) | การออกเสียง | gaan òrk sǐang |
| manual (m) | หนังสือเรียน | nǎng-sěu rian |
| diccionario (m) | พจนานุกรม | phót-jà-naa-nú-grom |
| manual (m) autodidáctico | หนังสือแบบเรียนด้วยตนเอง | nǎng-sěu bàep rian dûay dton ayng |
| guía (f) de conversación | เฟรสบุก | frayt bùk |
| casete (m) | เทปคาสเซ็ตต์ | thâyp khaas-sét |
| videocasete (f) | วิดีโอ | wí-dee-oh |
| CD (m) | CD | see-dee |
| DVD (m) | DVD | dee-wee-dee |
| alfabeto (m) | ตัวอักษร | dtua àk-sǒn |
| deletrear (vt) | สะกด | sà-gòt |
| pronunciación (f) | การออกเสียง | gaan òrk sǐang |
| acento (m) | สำเนียง | sǎm-niang |
| con acento | มีสำเนียง | mee sǎm-niang |
| sin acento | ไม่มีสำเนียง | mâi mee sǎm-niang |
| palabra (f) | คำ | kham |
| significado (m) | ความหมาย | khwaam mǎai |
| cursos (m pl) | หลักสูตร | làk sòot |
| inscribirse (vr) | สมัคร | sà-màk |
| profesor (m) (~ de inglés) | อาจารย์ | aa-jaan |
| traducción (f) (proceso) | การแปล | gaan bplae |
| traducción (f) (texto) | คำแปล | kham bplae |
| traductor (m) | นักแปล | nák bplae |
| intérprete (m) | ลาม | lâam |
| políglota (m) | ผู้รู้หลายภาษา | phôo róo lǎai paa-sǎa |
| memoria (f) | ความทรงจำ | khwaam song jam |

# Los restaurantes. El entretenimiento. El viaje

## 99. El viaje. Viajar

| | | |
|---|---|---|
| turismo (m) | การท่องเที่ยว | gaan thôrng thîeow |
| turista (m) | นักทองเที่ยว | nák thôrng thîeow |
| viaje (m) | การเดินทาง | gaan dern thaang |
| aventura (f) | การผจญภัย | gaan phà-jon phai |
| viaje (m) | การเดินทาง | gaan dern thaang |
| | | |
| vacaciones (f pl) | วันหยุดพักผ่อน | wan yùt phák phòrn |
| estar de vacaciones | หยุดพักผอน | yùt phák phòrn |
| descanso (m) | การพัก | gaan phák |
| | | |
| tren (m) | รถไฟ | rót fai |
| en tren | โดยรถไฟ | doi rót fai |
| avión (m) | เครื่องบิน | khrêuang bin |
| en avión | โดยเครื่องบิน | doi khrêuang bin |
| en coche | โดยรถยนต | doi rót-yon |
| en barco | โดยเรือ | doi reua |
| | | |
| equipaje (m) | สัมภาระ | săm-phaa-rá |
| maleta (f) | กระเป๋าเดินทาง | grà-bpăo dern-thaang |
| carrito (m) de equipaje | รถขนสัมภาระ | rót khŏn săm-phaa-rá |
| | | |
| pasaporte (m) | หนังสือเดินทาง | năng-sĕu dern-thaang |
| visado (m) | วีซา | wee-sâa |
| billete (m) | ตั๋ว | dtŭa |
| billete (m) de avión | ตั๋วเครื่องบิน | dtŭa khrêuang bin |
| | | |
| guía (f) (libro) | หนังสือแนะนำ | năng-sĕu náe nam |
| mapa (m) | แผนที่ | phăen thêe |
| área (m) (~ rural) | เขต | khàyt |
| lugar (m) | สถานที่ | sà-thăan thêe |
| | | |
| exotismo (m) | สิ่งแปลกใหม่ | sìng bplàek mài |
| exótico (adj) | ตางแดน | dtàang daen |
| asombroso (adj) | นาประหลาดใจ | nâa bprà-làat jai |
| | | |
| grupo (m) | กลุ่ม | glùm |
| excursión (f) | การเดินทาง | gaan dern taang |
| | ทองเที่ยว | thôrng thîeow |
| guía (m) (persona) | มัคคุเทศก | mák-khú-thâyt |

## 100. El hotel

| | | |
|---|---|---|
| hotel (m) | โรงแรม | rohng raem |
| motel (m) | โรงแรม | rohng raem |

| de tres estrellas | สามดาว | săam daao |
| de cinco estrellas | หาดาว | hâa daao |
| hospedarse (vr) | พัก | phák |

| habitación (f) | ห้อง | hôrng |
| habitación (f) individual | ห้องเดี่ยว | hôrng dìeow |
| habitación (f) doble | หองคู | hôrng khôo |
| reservar una habitación | จองหอง | jorng hôrng |

| media pensión (f) | พักครึ่งวัน | phák khrêung wan |
| pensión (f) completa | พักเต็มวัน | phák dtem wan |

| con baño | มีห้องอาบน้ำ | mee hôrng àap náam |
| con ducha | มีฝักบัว | mee fàk bua |
| televisión (f) satélite | โทรทัศน์ดาวเทียม | thoh-rá-thát daao thiam |
| climatizador (m) | เครื่องปรับอากาศ | khrêuang bpràp-aa-gàat |
| toalla (f) | ผ้าเช็ดตัว | phâa chét dtua |
| llave (f) | กุญแจ | gun-jae |

| administrador (m) | นักบุริหาร | nák bor-rí-hăan |
| camarera (f) | แมบาน | mâe bâan |
| maletero (m) | พนักงาน, ขนกระเป๋า | phá-nák ngaan khŏn grà-bpăo |
| portero (m) | พนักงาน เปิดประตู | phá-nák ngaan bpèrt bprà-dtoo |

| restaurante (m) | ร้านอาหาร | ráan aa-hăan |
| bar (m) | บาร | baa |
| desayuno (m) | อาหารเช้า | aa-hăan cháo |
| cena (f) | อาหารเย็น | aa-hăan yen |
| buffet (m) libre | บุฟเฟต | bùf-fây |

| vestíbulo (m) | ล็อบบี้ | lórp-bêe |
| ascensor (m) | ลิฟต | líf |

| NO MOLESTAR | ห้ามรบกวน | hâam róp guan |
| PROHIBIDO FUMAR | หามสูบบุหรี่ | hâam sòop bù rèe |

# EL EQUIPO TÉCNICO. EL TRANSPORTE

## El equipo técnico

### 101. El computador

| | | |
|---|---|---|
| ordenador (m) | คอมพิวเตอร์ | khorm-phiw-dtêr |
| ordenador (m) portátil | โน๊ตบุค | nóht búk |
| | | |
| encender (vt) | เปิด | bpèrt |
| apagar (vt) | ปิด | bpìt |
| | | |
| teclado (m) | แป้นพิมพ์ | bpâen phim |
| tecla (f) | ปุ่ม | bpùm |
| ratón (m) | เมาส์ | mao |
| alfombrilla (f) para ratón | แผนรองเมาส์ | phàen rorng mao |
| | | |
| botón (m) | ปุ่ม | bpùm |
| cursor (m) | เคอร์เซอร์ | khêr-sêr |
| | | |
| monitor (m) | จอมอนิเตอร์ | jor mor-ní-dtêr |
| pantalla (f) | หนาจอ | nâa jor |
| | | |
| disco (m) duro | ฮาร์ดดิสก์ | hâat-dìt |
| volumen (m) de disco duro | ความจุฮาร์ดดิสก์ | kwaam jù hâat-dìt |
| memoria (f) | หน่วยความจำ | nùay khwaam jam |
| memoria (f) operativa | หน่วยความจำ เขาถึงโดยสุม | nùay khwaam jam khâo thěung doi sùm |
| | | |
| archivo, fichero (m) | ไฟล์ | fai |
| carpeta (f) | โฟลเดอร์ | fohl-dêr |
| abrir (vt) | เปิด | bpèrt |
| cerrar (vt) | ปิด | bpìt |
| | | |
| guardar (un archivo) | บันทึก | ban-théuk |
| borrar (vt) | ลบ | lóp |
| copiar (vt) | คัดลอก | khát lôrk |
| ordenar (vt) (~ de A a Z, etc.) | จัดเรียง | jàt riang |
| copiar (vt) | ทำสำเนา | tham săm-nao |
| | | |
| programa (m) | โปรแกรม | bproh-graem |
| software (m) | ซอฟต์แวร์ | sôf-wae |
| programador (m) | นักเขียนโปรแกรม | nák khĭan bproh-graem |
| programar (vt) | เขียนโปรแกรม | khĭan bproh-graem |
| | | |
| hacker (m) | แฮ็กเกอร์ | háek-gêr |
| contraseña (f) | รหัสผาน | rá-hàt phàan |
| virus (m) | ไวรัส | wai-rát |
| detectar (vt) | ตรวจพบ | dtrùat phóp |

| octeto (m) | ไบท์ | bai |
| megaocteto (m) | เมกะไบท์ | may-gà-bai |

| datos (m pl) | ข้อมูล | khôr moon |
| base (f) de datos | ฐานข้อมูล | thăan khôr moon |

| cable (m) | สายเคเบิล | săai khay-bêrn |
| desconectar (vt) | ตัดการเชื่อมต่อ | dtàt gaan chêuam dtòr |
| conectar (vt) | เชื่อมต่อ | chêuam dtòr |

## 102. El internet. El correo electrónico

| internet (m), red (f) | อินเทอร์เน็ต | in-thêr-nét |
| navegador (m) | เบราว์เซอร์ | brao-sêr |
| buscador (m) | โปรแกรมค้นหา | bproh-graem khón hăa |
| proveedor (m) | ผู้ให้บริการ | phôo hâi bor-rí-gaan |

| webmaster (m) | เว็บมาสเตอร์ | wép-mâat-dtêr |
| sitio (m) web | เว็บไซต์ | wép sai |
| página (f) web | เว็บเพจ | wép phâyt |

| dirección (f) | ที่อยู่ | thêe yòo |
| libro (m) de direcciones | สมุดที่อยู่ | sà-mùt thêe yòo |

| buzón (m) | กล่องจดหมายอีเมลล์ | glòrng jòt măai ee-mayn |
| correo (m) | จดหมาย | jòt măai |
| lleno (adj) | เต็ม | dtem |

| mensaje (m) | ข้อความ | khôr khwaam |
| correo (m) entrante | ข้อความขาเข้า | khôr khwaam khăa khâo |
| correo (m) saliente | ข้อความขาออก | khôr khwaam khăa òrk |

| expedidor (m) | ผู้ส่ง | phôo sòng |
| enviar (vt) | ส่ง | sòng |
| envío (m) | การส่ง | gaan sòng |

| destinatario (m) | ผู้รับ | phôo ráp |
| recibir (vt) | รับ | ráp |

| correspondencia (f) | การติดต่อกันทางจดหมาย | gaan dtìt dtòr gan thaang jòt măai |
| escribirse con ... | ติดต่อกันทางจดหมาย | dtìt dtòr gan thaang jòt măai |

| archivo, fichero (m) | ไฟล์ | fai |
| descargar (vt) | ดาวน์โหลด | daao lòht |
| crear (vt) | สร้าง | sâang |
| borrar (vt) | ลบ | lóp |
| borrado (adj) | ถูกลบ | thòok lóp |

| conexión (f) (ADSL, etc.) | การเชื่อมต่อ | gaan chêuam dtòr |
| velocidad (f) | ความเร็ว | khwaam reo |
| módem (m) | โมเด็ม | moh-dem |
| acceso (m) | การเข้าถึง | gaan khâo thěung |
| puerto (m) | พอร์ท | phôt |

| conexión (f) (establecer la ~) | การเชื่อมต่อ | gaan chêuam dtòr |
| conectarse a … | เชื่อมต่อกับ… | chêuam dtòr gàp… |
| seleccionar (vt) | เลือก | lêuak |
| buscar (vt) | ค้นหา | khón hǎa |

## 103. La electricidad

| electricidad (f) | ไฟฟ้า | fai fáa |
| eléctrico (adj) | ทางไฟฟ้า | thaang fai-fáa |
| central (f) eléctrica | โรงไฟฟ้า | rohng fai-fáa |
| energía (f) | พลังงาน | phá-lang ngaan |
| energía (f) eléctrica | กำลังไฟฟ้า | gam-lang fai-fáa |

| bombilla (f) | หลอดไฟฟ้า | lòrt fai fáa |
| linterna (f) | ไฟฉาย | fai chǎai |
| farola (f) | เสาไฟถนน | sǎo fai thà-nǒn |

| luz (f) | ไฟ | fai |
| encender (vt) | เปิด | bpèrt |
| apagar (vt) | ปิด | bpìt |
| apagar la luz | ปิดไฟ | bpìt fai |
| quemarse (vr) | ขาด | khàat |
| circuito (m) corto | การลัดวงจร | gaan lát wong-jon |
| ruptura (f) | สายขาด | sǎai khàat |
| contacto (m) | สายต่อกัน | sǎai dtòr gan |

| interruptor (m) | สวิตช์ไฟ | sà-wít fai |
| enchufe (m) | เต้าเสียบปลั๊กไฟ | dtâo sìap bplák fai |
| clavija (f) | ปลั๊กไฟ | bplák fai |
| alargador (m) | สายพ่วงไฟ | sǎai phûang fai |
| fusible (m) | ฟิวส์ | fiw |
| hilo (m) | สายไฟ | sǎai fai |
| instalación (f) eléctrica | การเดินสายไฟ | gaan dern sǎai fai |

| amperio (m) | แอมแปร์ | aem-bpae |
| amperaje (m) | กำลังไฟฟ้า | gam-lang fai-fáa |
| voltio (m) | โวลต์ | wohn |
| voltaje (m) | แรงดันไฟฟ้า | raeng dan fai fáa |

| aparato (m) eléctrico | เครื่องใช้ไฟฟ้า | khrêuang chái fai fáa |
| indicador (m) | ตัวระบุ | dtua rá-bù |

| electricista (m) | ช่างไฟฟ้า | châang fai-fáa |
| soldar (vt) | บัดกรี | bàt-gree |
| soldador (m) | หัวแร้งบัดกรี | hǔa ráeng bàt-gree |
| corriente (f) | กระแสไฟฟ้า | grà-sǎe fai fáa |

## 104. Las herramientas

| instrumento (m) | เครื่องมือ | khrêuang meu |
| instrumentos (m pl) | เครื่องมือ | khrêuang meu |

| maquinaria (f) | อุปกรณ์ | ù-bpà-gon |
| martillo (m) | ค้อน | khórn |
| destornillador (m) | ไขควง | khǎi khuang |
| hacha (f) | ขวาน | khwǎan |

| sierra (f) | เลื่อย | lêuay |
| serrar (vt) | เลื่อย | lêuay |
| cepillo (m) | กบไสไม้ | gòp sǎi máai |
| cepillar (vt) | ไสกบ | sǎi gòp |
| soldador (m) | หัวแร้งบัดกรี | hǔa ráeng bàt-gree |
| soldar (vt) | บัดกรี | bàt-gree |

| lima (f) | ตะไบ | dtà-bai |
| tenazas (f pl) | คีม | kheem |
| alicates (m pl) | คีมปอกสายไฟ | kheem bpòk sǎai fai |
| escoplo (m) | สิ่ว | sìw |

| broca (f) | หัวสว่าน | hǔa sà-wàan |
| taladro (m) | สว่านไฟฟ้า | sà-wàan fai fáa |
| taladrar (vi, vt) | เจาะ | jòr |

| cuchillo (m) | มีด | mêet |
| navaja (f) | มีดพก | mêet phók |
| filo (m) | ใบ | bai |

| agudo (adj) | คม | khom |
| embotado (adj) | ทื่อ | thêu |
| embotarse (vr) | ทำให้...ทื่อ | tham hâi...thêu |
| afilar (vt) | ลับคม | láp khom |

| perno (m) | สลักเกลียว | sà-làk glieow |
| tuerca (f) | แหวนสกรู | wǎen sà-groo |
| filete (m) | เกลียว | glieow |
| tornillo (m) | สกรู | sà-groo |

| clavo (m) | ตะปู | dtà-bpoo |
| cabeza (f) del clavo | หัวตะปู | hǔa dtà-bpoo |

| regla (f) | ไม้บรรทัด | máai ban-thát |
| cinta (f) métrica | เทปวัดระยะทาง | thâyp wát rá-yá taang |
| nivel (m) de burbuja | เครื่องวัดระดับน้ำ | khrêuang wát rá-dàp náam |
| lupa (f) | แว่นขยาย | wâen khà-yǎai |

| aparato (m) de medida | เครื่องมือวัด | khrêuang meu wát |
| medir (vt) | วัด | wát |
| escala (f) (~ métrica) | อัตรา | àt-dtraa |
| lectura (f) | คามิเตอร์ | khâa mí-dtêr |

| compresor (m) | เครื่องอัดอากาศ | khrêuang àt aa-gàat |
| microscopio (m) | กล้องจุลทัศน์ | glôrng jun-la -thát |

| bomba (f) (~ de agua) | ปั้ม | bpám |
| robot (m) | หุ่นยนต์ | hùn yon |
| láser (m) | เลเซอร์ | lay-sêr |
| llave (f) de tuerca | ประแจ | bprà-jae |
| cinta (f) adhesiva | เทปกาว | thâyp gaao |

| | | |
|---|---|---|
| pegamento (m) | กาว | gaao |
| papel (m) de lija | กระดาษทราย | grà-dàat saai |
| resorte (m) | สปริง | sà-bpring |
| imán (m) | แม่เหล็ก | mâe lèk |
| guantes (m pl) | ถุงมือ | thǔng meu |
| | | |
| cuerda (f) | เชือก | chêuak |
| cordón (m) | สาย | sǎai |
| hilo (m) (~ eléctrico) | สายไฟ | sǎai fai |
| cable (m) | สายเคเบิล | sǎai khay-bêrn |
| | | |
| almádana (f) | ค้อนขนาดใหญ่ | khón khà-nàat yài |
| barra (f) | ชะแลง | chá-laeng |
| escalera (f) portátil | บันได | ban-dai |
| escalera (f) de tijera | กระได | grà-dai |
| | | |
| atornillar (vt) | ขันเกลียวเข้า | khǎn glieow khâo |
| destornillar (vt) | ขันเกลียวออก | khǎn glieow òk |
| apretar (vt) | ขันให้แน่น | khǎn hâi náen |
| pegar (vt) | ติดกาว | dtìt gaao |
| cortar (vt) | ตัด | dtàt |
| | | |
| fallo (m) | ความผิดพลาด | khwaam phìt phlâat |
| reparación (f) | การซ่อมแซม | gaan sôrm saem |
| reparar (vt) | ซ่อม | sôrm |
| regular, ajustar (vt) | ปรับ | bpràp |
| | | |
| verificar (vt) | ตรวจ | dtrùat |
| control (m) | การตรวจ | gaan dtrùat |
| lectura (f) (~ del contador) | คามิเตอร์ | khâa mí-dtêr |
| | | |
| fiable (máquina) | ไว้วางใจได้ | wái waang jai dâai |
| complicado (adj) | ซับซ้อน | sáp són |
| | | |
| oxidarse (vr) | ขึ้นสนิม | khêun sà-nǐm |
| oxidado (adj) | เป็นสนิม | bpen sà-nǐm |
| óxido (m) | สนิม | sà-nǐm |

# El transporte

## 105. El avión

| | | |
|---|---|---|
| avión (m) | เครื่องบิน | khrêuang bin |
| billete (m) de avión | ตั๋วเครื่องบิน | dtǔa khrêuang bin |
| compañía (f) aérea | สายการบิน | sǎai gaan bin |
| aeropuerto (m) | สนามบิน | sà-nǎam bin |
| supersónico (adj) | ความเร็วเหนือเสียง | khwaam reo něua-sǐang |
| | | |
| comandante (m) | กัปตัน | gàp dtan |
| tripulación (f) | ลูกเรือ | lôok reua |
| piloto (m) | นักบิน | nák bin |
| azafata (f) | พนักงานต้อนรับ บนเครื่องบิน | phá-nák ngaan dtôrn ráp bon khrêuang bin |
| navegador (m) | ต้นหน | dtôn hǒn |
| | | |
| alas (f pl) | ปีก | bpèek |
| cola (f) | หาง | hǎang |
| cabina (f) | ห้องนักบิน | hôrng nák bin |
| motor (m) | เครื่องยนต์ | khrêuang yon |
| tren (m) de aterrizaje | โครงส่วนล่าง ของเครื่องบิน | khrorng sùan lâang khǒrng khrêuang bin |
| turbina (f) | กังหัน | gang-hǎn |
| | | |
| hélice (f) | ใบพัด | bai phát |
| caja (f) negra | กล่องดำ | glòrng dam |
| timón (m) | คันบังคับ | khan bang-kháp |
| combustible (m) | เชื้อเพลิง | chéua phlerng |
| | | |
| instructivo (m) de seguridad | คู่มือความปลอดภัย | khôo meu khwaam bplòt phai |
| respirador (m) de oxígeno | หน้ากากอ็อกซิเจน | nâa gàak ók sí jayn |
| uniforme (m) | เครื่องแบบ | khrêuang bàep |
| chaleco (m) salvavidas | เสื้อชูชีพ | sêua choo chêep |
| paracaídas (m) | ร่มชูชีพ | rôm choo chêep |
| | | |
| despegue (m) | การบินขึ้น | gaan bin khêun |
| despegar (vi) | บินขึ้น | bin khêun |
| pista (f) de despegue | ทางวิ่งเครื่องบิน | thaang wîng khrêuang bin |
| | | |
| visibilidad (f) | ทัศนวิสัย | thát sá ná wí-sǎi |
| vuelo (m) | การบิน | gaan bin |
| altura (f) | ความสูง | khwaam sǒong |
| pozo (m) de aire | หลุมอากาศ | lǔm aa-gàat |
| | | |
| asiento (m) | ที่นั่ง | thêe nâng |
| auriculares (m pl) | หูฟัง | hǒo fang |
| mesita (f) plegable | ถาดพับเก็บได้ | thàat pháp gèp dâai |
| ventana (f) | หน้าต่างเครื่องบิน | nâa dtàang khrêuang bin |
| pasillo (m) | ทางเดิน | thaang dern |

## 106. El tren

| | | |
|---|---|---|
| tren (m) | รถไฟ | rót fai |
| tren (m) eléctrico | รถไฟชานเมือง | rót fai chaan meuang |
| tren (m) rápido | รถไฟด่วน | rót fai dùan |
| locomotora (f) diésel | รถจักรดีเซล | rót jàk dee-sayn |
| tren (m) de vapor | รถจักรไอน้ำ | rót jàk ai náam |
| | | |
| coche (m) | ตู้โดยสาร | dtôo doi săan |
| coche (m) restaurante | ตู้เสบียง | dtôo sà-biang |
| | | |
| rieles (m pl) | รางรถไฟ | raang rót fai |
| ferrocarril (m) | ทางรถไฟ | thaang rót fai |
| traviesa (f) | หมอนรองราง | mŏrn rorng raang |
| | | |
| plataforma (f) | ชานชลา | chaan-chá-laa |
| vía (f) | ราง | raang |
| semáforo (m) | ไฟสัญญาณรถไฟ | fai săn-yaan rót fai |
| estación (f) | สถานี | sà-thăa-nee |
| | | |
| maquinista (m) | คนขับรถไฟ | khon khàp rót fai |
| maletero (m) | พนักงานยกกระเป๋า | phá-nák ngaan yók grà-bpăo |
| mozo (m) del vagón | พนักงานรถไฟ | phá-nák ngaan rót fai |
| pasajero (m) | ผู้โดยสาร | phôo doi săan |
| revisor (m) | พนักงานตรวจตั๋ว | phá-nák ngaan dtrùat dtŭa |
| | | |
| corredor (m) | ทางเดิน | thaang dern |
| freno (m) de urgencia | เบรคฉุกเฉิน | bràyk chùk-chĕrn |
| compartimiento (m) | ตู้นอน | dtôo norn |
| litera (f) | เตียง | dtiang |
| litera (f) de arriba | เตียงบน | dtiang bon |
| litera (f) de abajo | เตียงล่าง | dtiang lâang |
| ropa (f) de cama | ชุดเครื่องนอน | chút khrêuang norn |
| | | |
| billete (m) | ตั๋ว | dtŭa |
| horario (m) | ตารางเวลา | dtaa-raang way-laa |
| pantalla (f) de información | กระดานแสดงข้อมูล | grà daan sà-daeng khôr moon |
| | | |
| partir (vi) | ออกเดินทาง | òrk dern thaang |
| partida (f) (del tren) | การออกเดินทาง | gaan òrk dern thaang |
| llegar (tren) | มาถึง | maa thĕung |
| llegada (f) | การมาถึง | gaan maa thĕung |
| | | |
| llegar en tren | มาถึงโดยรถไฟ | maa thĕung doi rót fai |
| tomar el tren | ขึ้นรถไฟ | khêun rót fai |
| bajar del tren | ลงจากรถไฟ | long jàak rót fai |
| | | |
| descarrilamiento (m) | รถไฟตกราง | rót fai dtòk raang |
| descarrilarse (vr) | ตกราง | dtòk raang |
| | | |
| tren (m) de vapor | หัวรถจักรไอน้ำ | hŭa rót jàk ai náam |
| fogonero (m) | คนควบคุมเตาไฟ | khon khûap khum dtao fai |
| hogar (m) | เตาไฟ | dtao fai |
| carbón (m) | ถ่านหิน | thàan hĭn |

## 107. El barco

| | | |
|---|---|---|
| buque (m) | เรือ | reua |
| navío (m) | เรือ | reua |
| | | |
| buque (m) de vapor | เรือจักรไอน้ำ | reua jàk ai náam |
| motonave (m) | เรือลองแมน้ำ | reua lông mâe náam |
| trasatlántico (m) | เรือเดินสมุทร | reua dern sà-mùt |
| crucero (m) | เรือลาดตระเวน | reua lâat dtrà-wayn |
| | | |
| yate (m) | เรือยอชต์ | reua yôt |
| remolcador (m) | เรือลากจูง | reua lâak joong |
| barcaza (f) | เรือบรรทุก | reua ban-thúk |
| ferry (m) | เรือข้ามฟาก | reua khâam fâak |
| | | |
| velero (m) | เรือใบ | reua bai |
| bergantín (m) | เรือใบสองเสากระโดง | reua bai sŏrng săo grà-dohng |
| | | |
| rompehielos (m) | เรือตัดน้ำแข็ง | reua dtàt náam khăeng |
| submarino (m) | เรือดำน้ำ | reua dam náam |
| | | |
| bote (m) de remo | เรือพาย | reua phaai |
| bote (m) | เรือบดเล็ก | reua bòt lék |
| bote (m) salvavidas | เรือชูชีพ | reua choo chêep |
| lancha (f) motora | เรือยนต์ | reua yon |
| | | |
| capitán (m) | กัปตัน | gàp dtan |
| marinero (m) | นาวิน | naa-win |
| marino (m) | คนเรือ | khon reua |
| tripulación (f) | กะลาสี | gà-laa-sĕe |
| | | |
| contramaestre (m) | สรั่ง | sà-ràng |
| grumete (m) | คนช่วยงานในเรือ | khon chûay ngaan nai reua |
| cocinero (m) de abordo | กุก | gúk |
| médico (m) del buque | แพทย์เรือ | phâet reua |
| | | |
| cubierta (f) | ดาดฟ้าเรือ | dàat-fáa reua |
| mástil (m) | เสากระโดงเรือ | săo grà-dohng reua |
| vela (f) | ใบเรือ | bai reua |
| | | |
| bodega (f) | ท้องเรือ | thórng-reua |
| proa (f) | หัวเรือ | hŭa-reua |
| popa (f) | ท้วยเรือ | tháai reua |
| remo (m) | ไม้พาย | máai phaai |
| hélice (f) | ใบจักร | bai jàk |
| | | |
| camarote (m) | ห้องพัก | hôrng phák |
| sala (f) de oficiales | ห้องอาหาร | hôrng aa-hăan |
| sala (f) de máquinas | ห้องเครื่องยนต์ | hôrng khrêuang yon |
| puente (m) de mando | สะพานเดินเรือ | sà-phaan dern reua |
| sala (f) de radio | ห้องวิทยุ | hôrng wít-thá-yú |
| onda (f) | คลื่นความถี่ | khlêun khwaam thèe |
| cuaderno (m) de bitácora | สมุดบันทึก | sà-mùt ban-théuk |
| anteojo (m) | กล้องสองทางไกล | glôrng sòrng thaang glai |
| campana (f) | ระฆัง | rá-khang |

| bandera (f) | ธง | thorng |
| cabo (m) (maroma) | เชือก | chêuak |
| nudo (m) | ปม | bpom |

| pasamano (m) | ราว | raao |
| pasarela (f) | ไม้พาดให้ | mái phâat hâi |
| | ขึ้นลงเรือ | khêun long reua |

| ancla (f) | สมอ | sà-mŏr |
| levar ancla | ถอนสมอ | thŏrn sà-mŏr |
| echar ancla | ทอดสมอ | thôrt sà-mŏr |
| cadena (f) del ancla | โซ่สมอเรือ | sôh sà-mŏr reua |

| puerto (m) | ท่าเรือ | thâa reua |
| embarcadero (m) | ทา | thâa |
| amarrar (vt) | จอดเทียบท่า | jòt thîap tâa |
| desamarrar (vt) | ออกจากทา | òrk jàak tâa |

| viaje (m) | การเดินทาง | gaan dern thaang |
| crucero (m) (viaje) | การล่องเรือ | gaan lôrng reua |
| derrota (f) (rumbo) | เส้นทาง | sên thaang |
| itinerario (m) | เสนทาง | sên thaang |

| canal (m) navegable | ร่องเรือเดิน | rông reua dern |
| bajío (m) | โขด | khòht |
| encallar (vi) | เกยตื้น | goie dtêun |

| tempestad (f) | พายุ | phaa-yú |
| señal (f) | สัญญาณ | săn-yaan |
| hundirse (vr) | ลม | lôm |
| ¡Hombre al agua! | คนตกเรือ! | kon dtòk reua |
| SOS | SOS | es-o-es |
| aro (m) salvavidas | หวงยาง | hùang yaang |

## 108. El aeropuerto

| aeropuerto (m) | สนามบิน | sà-năam bin |
| avión (m) | เครื่องบิน | khrêuang bin |

| compañía (f) aérea | สายการบิน | săai gaan bin |
| controlador (m) aéreo | เจ้าหน้าที่ควบคุม | jâo nâa-thêe khûap khum |
| | จราจรทางอากาศ | jà-raa-jon thaang aa-gàat |

| despegue (m) | การออกเดินทาง | gaan òrk dern thaang |
| llegada (f) | การมาถึง | gaan maa thĕung |
| llegar (en avión) | มาถึง | maa thĕung |

| hora (f) de salida | เวลาขาไป | way-laa khăa bpai |
| hora (f) de llegada | เวลามาถึง | way-laa maa thĕung |

| retrasarse (vr) | ถูกเลื่อน | thòok lêuan |
| retraso (m) de vuelo | เลื่อนเที่ยวบิน | lêuan thieow bin |
| pantalla (f) de información | ฉระดานแสดง | grà daan sà-daeng |
| | ขอมูล | khôr moon |

| | | |
|---|---|---|
| información (f) | ข้อมูล | khôr moon |
| anunciar (vt) | ประกาศ | bprà-gàat |
| vuelo (m) | เที่ยวบิน | thîeow bin |
| | | |
| aduana (f) | ศุลกากร | sŭn-lá-gaa-gon |
| aduanero (m) | เจ้าหน้าที่ศุลกากร | jâo nâa-thêe sŭn-lá-gaa-gon |
| | | |
| declaración (f) de aduana | แบบฟอร์มการเสีย ภาษีศุลกากร | bàep form gaan sĭa phaa-sĕe sŭn-lá-gaa-gon |
| rellenar (vt) | กรอก | gròrk |
| rellenar la declaración | กรอกแบบฟอร์ม การเสียภาษี | gròrk bàep form gaan sĭa paa-sĕe |
| control (m) de pasaportes | จุดตรวจหนังสือ เดินทาง | jùt dtrùat năng-sĕu dern-thaang |
| | | |
| equipaje (m) | สัมภาระ | săm-phaa-rá |
| equipaje (m) de mano | กระเป๋าถือ | grà-bpăo thĕu |
| carrito (m) de equipaje | รถขนสัมภาระ | rót khŏn săm-phaa-rá |
| | | |
| aterrizaje (m) | การลงจอด | gaan long jòrt |
| pista (f) de aterrizaje | ลานบินลงจอด | laan bin long jòrt |
| aterrizar (vi) | ลงจอด | long jòrt |
| escaleras (f pl) (de avión) | ทางขึ้นลง เครื่องบิน | thaang khêun long khrêuang bin |
| | | |
| facturación (f) (check-in) | การเช็คอิน | gaan chék in |
| mostrador (m) de facturación | เคาเตอร์เช็คอิน | khao-dtêr chék in |
| hacer el check-in | เช็คอิน | chék in |
| tarjeta (f) de embarque | บัตรที่นั่ง | bàt thêe nâng |
| puerta (f) de embarque | ช่องเขา | chôrng khâo |
| | | |
| tránsito (m) | การต่อเที่ยวบิน | gaan tòr thîeow bin |
| esperar (aguardar) | รอ | ror |
| zona (f) de preembarque | ห้องผู้โดยสารขาออก | hôrng phôo doi săan khăa òk |
| despedir (vt) | ไปส่ง | bpai sòng |
| despedirse (vr) | บอกลา | bòrk laa |

# Acontecimentos de la vida

## 109. Los días festivos. Los eventos

| | | |
|---|---|---|
| fiesta (f) | วันหยุดเฉลิมฉลอง | wan yùt chà-lĕrm chà-lŏng |
| fiesta (f) nacional | วันชาติ | wan châat |
| día (m) de fiesta | วันหยุดนักขัตฤกษ์ | wan yùt nák-kàt-rêrk |
| festejar (vt) | เฉลิมฉลอง | chà-lĕrm chà-lŏrng |
| | | |
| evento (m) | เหตุการณ์ | hàyt gaan |
| medida (f) | งานอีเวนต์ | ngaan ee wayn |
| banquete (m) | งานเลี้ยง | ngaan líang |
| recepción (f) | งานเลี้ยง | ngaan líang |
| festín (m) | งานฉลอง | ngaan chà-lŏrng |
| | | |
| aniversario (m) | วันครบรอบ | wan khróp rôrp |
| jubileo (m) | วันครบรอบปี | wan khróp rôrp bpee |
| celebrar (vt) | ฉลอง | chà-lŏrng |
| | | |
| Año (m) Nuevo | ปีใหม่ | bpee mài |
| ¡Feliz Año Nuevo! | สวัสดีปีใหม่! | sà-wàt-dee bpee mài |
| Papá Noel (m) | ชานตาคลอส | saan-dtaa-khlôrt |
| | | |
| Navidad (f) | คริสต์มาส | khrít-mâat |
| ¡Feliz Navidad! | สุขสันต์วันคริสต์มาส | sùk-săn wan khrít-mâat |
| árbol (m) de Navidad | ตนคริสตมาส | dtôn khrít-mâat |
| fuegos (m pl) artificiales | ดอกไม้ไฟ | dòrk máai fai |
| | | |
| boda (f) | งานแต่งงาน | ngaan dtàeng ngaan |
| novio (m) | เจ้าบาว | jâo bàao |
| novia (f) | เจ้าสาว | jâo săao |
| | | |
| invitar (vt) | เชิญ | chern |
| tarjeta (f) de invitación | บัตรเชิญ | bàt chern |
| | | |
| invitado (m) | แขก | khàek |
| visitar (vt) (a los amigos) | ไปเยี่ยม | bpai yîam |
| recibir a los invitados | ตอนรับแขก | dton ráp khàek |
| | | |
| regalo (m) | ของขวัญ | khŏrng khwăn |
| regalar (vt) | ให | hâi |
| recibir regalos | รับของขวัญ | ráp khŏrng khwăn |
| ramo (m) de flores | ชอดอกไม้ | chôr dòrk máai |
| | | |
| felicitación (f) | คำแสดง ความยินดี | kham sà-daeng khwaam yin-dee |
| felicitar (vt) | แสดงความยินดี | sà-daeng khwaam yin dee |
| | | |
| tarjeta (f) de felicitación | บัตรอวยพร | bàt uay phon |
| enviar una tarjeta | สงโปสการ์ด | sòng bpòht-gàat |

| recibir una tarjeta | รับโปสการ์ด | ráp bpòht-gàat |
| brindis (m) | ดื่มอวยพร | dèum uay phon |
| ofrecer (~ una copa) | เลี้ยงเครื่องดื่ม | líang khrêuang dèum |
| champaña (f) | แชมเปญ | chaem-bpayn |

| divertirse (vr) | มีความสุข | mee khwaam sùk |
| diversión (f) | ความรื่นเริง | khwaam rêun-rerng |
| alegría (f) (emoción) | ความสุขสันต์ | khwaam sùk-sǎn |

| baile (m) | การเต้น | gaan dtên |
| bailar (vi, vt) | เต้น | dtên |

| vals (m) | วอลทซ์ | wɔːlts |
| tango (m) | แทงโก | thaeng-gôh |

## 110. Los funerales. El entierro

| cementerio (m) | สุสาน | sù-sǎan |
| tumba (f) | หลุมศพ | lǔm sòp |
| cruz (f) | ไม้กางเขน | mái gaang khǎyn |
| lápida (f) | ป้ายหลุมศพ | bpâai lǔm sòp |
| verja (f) | รั้ว | rúa |
| capilla (f) | โรงสวด | rohng sùat |

| muerte (f) | ความตาย | khwaam dtaai |
| morir (vi) | ตาย | dtaai |
| difunto (m) | ผู้เสียชีวิต | phôo sǐa chee-wít |
| luto (m) | การไว้อาลัย | gaan wái aa-lai |

| enterrar (vt) | ฝังศพ | fǎng sòp |
| funeraria (f) | บริษัทรับจัดงานศพ | bor-rí-sàt ráp jàt ngaan sòp |
| entierro (m) | งานศพ | ngaan sòp |

| corona (f) funeraria | พวงหรีด | phuang rèet |
| ataúd (m) | โลงศพ | lohng sòp |
| coche (m) fúnebre | รถขนศพ | rót khǒn sòp |
| mortaja (f) | ผ้าห่อศพ | phâa hòr sòp |

| cortejo (m) fúnebre | พิธีศพ | phí-tee sòp |
| urna (f) funeraria | โกศ | gòht |
| crematorio (m) | เมรุ | mayn |

| necrología (f) | ข่าวมรณกรรม | khàao mor-rá-ná-gam |
| llorar (vi) | ร้องไห้ | rórng hâi |
| sollozar (vi) | สะอื้น | sà-êun |

## 111. La guerra. Los soldados

| sección (f) | หมวด | mùat |
| compañía (f) | กองร้อย | gorng rói |
| regimiento (m) | กรม | grom |
| ejército (m) | กองทัพ | gorng tháp |

| división (f) | กองพล | gorng phon-la |
| destacamento (m) | หมู่ | mòo |
| hueste (f) | กองทัพ | gorng tháp |

| soldado (m) | ทหาร | thá-hǎan |
| oficial (m) | นายทหาร | naai thá-hǎan |

| soldado (m) raso | พลทหาร | phon-thá-hǎan |
| sargento (m) | สิบเอก | sìp àyk |
| teniente (m) | ร้อยโท | rói thoh |
| capitán (m) | ร้อยเอก | rói àyk |
| mayor (m) | พลตรี | phon-dtree |

| coronel (m) | พันเอก | phan àyk |
| general (m) | นายพล | naai phon |

| marino (m) | กะลาสี | gà-laa-sěe |
| capitán (m) | กัปตัน | gàp dtan |
| contramaestre (m) | สรั่งเรือ | sà-ràng reua |

| artillero (m) | ทหารปืนใหญ่ | thá-hǎan bpeun yài |
| paracaidista (m) | พลรม | phon-rôm |
| piloto (m) | นักบิน | nák bin |

| navegador (m) | ต้นหน | dtôn hǒn |
| mecánico (m) | ช่างเครื่อง | châang khrêuang |

| zapador (m) | ทหารช่าง | thá-hǎan châang |
| paracaidista (m) | ทหารราบอากาศ | thá-hǎan râap aa-gàat |

| explorador (m) | ทหารพราน | thá-hǎan phraan |
| francotirador (m) | พลซุ่มยิง | phon sûm ying |

| patrulla (f) | หน่วยลาดตระเวน | nùay lâat dtrà-wayn |
| patrullar (vi, vt) | ลาดตระเวน | lâat dtrà-wayn |
| centinela (m) | ทหารยาม | tá-hǎan yaam |

| guerrero (m) | นักรบ | nák róp |
| patriota (m) | ผู้รักชาติ | phôo rák châat |

| héroe (m) | วีรบุรุษ | wee-rá-bù-rùt |
| heroína (f) | วีรสตรี | wee rá-sot dtree |

| traidor (m) | ผู้ทรยศ | phôo thor-rá-yót |
| traicionar (vt) | ทรยศ | thor-rá-yót |

| desertor (m) | ทหารหนีทัพ | thá-hǎan nǎe tháp |
| desertar (vi) | หนีทัพ | nǎe tháp |

| mercenario (m) | ทหารรับจ้าง | thá-hǎan ráp jâang |
| recluta (m) | เกณฑ์ทหาร | gayn thá-hǎan |
| voluntario (m) | อาสาสมัคร | aa-sǎa sà-màk |

| muerto (m) | คนถูกฆ่า | khon thòok khâa |
| herido (m) | ผู้ได้รับบาดเจ็บ | phôo dâai ráp bàat jèp |
| prisionero (m) | เชลยศึก | chá-loie sèuk |

## 112. La guerra. Las maniobras militares. Unidad 1

| | | |
|---|---|---|
| guerra (f) | สงคราม | sŏng-khraam |
| estar en guerra | ทำสงคราม | tham sŏng-khraam |
| guerra (f) civil | สงครามกลางเมือง | sŏng-khraam glaang-meuang |
| | | |
| pérfidamente (adv) | ตลบตะแลง | dtà-lòp-dtà-laeng |
| declaración (f) de guerra | การประกาศสงคราม | gaan bprà-gàat sŏng-khraam |
| declarar (~ la guerra) | ประกาศสงคราม | bprà-gàat sŏng-khraam |
| agresión (f) | การรุกราน | gaan rúk-raan |
| atacar (~ a un país) | บุกรุก | bùk rúk |
| | | |
| invadir (vt) | บุกรุก | bùk rúk |
| invasor (m) | ผู้บุกรุก | phôo bùk rúk |
| conquistador (m) | ผู้ยึดครอง | phôo yéut khrorng |
| | | |
| defensa (f) | การป้องกัน | gaan bpôrng gan |
| defender (vt) | ปกป้อง | bpòk bpôrng |
| defenderse (vr) | ป้องกัน | bpôrng gan |
| | | |
| enemigo (m) | ศัตรู | sàt-dtroo |
| adversario (m) | ขาศึก | khâa sèuk |
| enemigo (adj) | ศัตรู | sàt-dtroo |
| | | |
| estrategia (f) | ยุทธศาสตร์ | yút-thá-sàat |
| táctica (f) | ยุทธวิธี | yút-thá-wí-thee |
| | | |
| orden (f) | คำสั่ง | kham sàng |
| comando (m) | คำบัญชาการ | kham ban-chaa gaan |
| ordenar (vt) | สั่ง | sàng |
| misión (f) | ภารกิจ | phaa-rá-gìt |
| secreto (adj) | อย่างลับ | yàang láp |
| | | |
| combate (m), batalla (f) | การรบ | gaan róp |
| ataque (m) | การจูโจมุ | gaan jòo johm |
| asalto (m) | การเขาจูโจม | gaan khâo jòo johm |
| tomar por asalto | บุกจูโจม | bùk jòo johm |
| asedio (m), sitio (m) | การโอบล้อมโจมตี | gaan òhp lóm johm dtee |
| | | |
| ofensiva (f) | การโจมตี | gaan johm dtee |
| tomar la ofensiva | โจมตี | johm dtee |
| | | |
| retirada (f) | การถอย | gaan thŏi |
| retirarse (vr) | ถอย | thŏi |
| | | |
| envolvimiento (m) | การปิดล้อม | gaan bpìt lórm |
| cercar (vt) | ปิดล้อม | bpìt lórm |
| | | |
| bombardeo (m) | การทิ้งระเบิด | gaan thíng rá-bèrt |
| lanzar una bomba | ทิ้งระเบิด | thíng rá-bèrt |
| bombear (vt) | ทิ้งระเบิด | thíng rá-bèrt |
| explosión (f) | การระเบิด | gaan rá-bèrt |
| | | |
| tiro (m), disparo (m) | การยิง | gaan ying |
| disparar (vi) | ยิง | ying |

| tiroteo (m) | การยิง | gaan ying |
| apuntar a … | เล็ง | leng |
| encarar (apuntar) | ชี้ | chée |
| alcanzar (el objetivo) | ลูกเป้าหมาย | thòok bpâo măai |

| hundir (vt) | จม | jom |
| brecha (f) (~ en el casco) | รู | roo |
| hundirse (vr) | จม | jom |

| frente (m) | แนวหน้า | naew nâa |
| evacuación (f) | การอพยพ | gaan òp-phá-yóp |
| evacuar (vt) | อพยพ | òp-phá-yóp |

| trinchera (f) | สนามเพลาะ | sà-năam phlór |
| alambre (m) de púas | ลวดหนาม | lûat năam |
| barrera (f) (~ antitanque) | สิ่งกีดขวาง | sìng gèet-khwăang |
| torre (f) de vigilancia | หอสังเกตการณ์ | hŏr săng-gàyt gaan |

| hospital (m) | โรงพยาบาลทหาร | rohng phá-yaa-baan thá-hăan |
| herir (vt) | ทำให้บาดเจ็บ | tham hâi bàat jèp |
| herida (f) | แผล | phlăe |
| herido (m) | ผู้ได้รับบาดเจ็บ | phôo dâai ráp bàat jèp |
| recibir una herida | ได้รับบาดเจ็บ | dâai ráp bàat jèp |
| grave (herida) | รายแรง | ráai raeng |

## 113. La guerra. Las maniobras militares. Unidad 2

| cautiverio (m) | การเป็นเชลย | gaan bpen chá-loie |
| capturar (vt) | จับเชลย | jàp chá-loie |
| estar en cautiverio | เป็นเชลย | bpen chá-loie |
| caer prisionero | ถูกจับเป็นเชลย | thòok jàp bpen chá-loie |

| campo (m) de concentración | ค่ายกักกัน | khâai gàk gan |
| prisionero (m) | เชลยศึก | chá-loie sèuk |
| escapar (de cautiverio) | หนี | nĕe |

| traicionar (vt) | ทูรยศ | thor-rá-yót |
| traidor (m) | ผู้ทรยศ | phôo thor-rá-yót |
| traición (f) | การทรยศ | gaan thor-rá-yót |

| fusilar (vt) | ประหาร | bprà-hăan |
| fusilamiento (m) | การประหาร | gaan bprà-hăan |

| equipo (m) (uniforme, etc.) | ชุดเสื้อผ้าทหาร | chút sêua phâa thá-hăan |
| hombrera (f) | บั้ง | bâng |
| máscara (f) antigás | หน้ากากกันแก๊ส | nâa gàak gan gàet |

| radio transmisor (m) | วิทยุสนาม | wít-thá-yú sà-năam |
| cifra (f) (código) | รหัส | rá-hàt |
| conspiración (f) | ความลับ | khwaam láp |
| contraseña (f) | รหัสผ่าน | rá-hàt phàan |
| mina (f) terrestre | กับระเบิด | gàp rá-bèrt |
| minar (poner minas) | วางกับระเบิด | waang gàp rá-bèrt |

| campo (m) minado | เขตทุ่นระเบิด | khàyt thûn rá-bèrt |
| alarma (f) aérea | สัญญาณเตือนภัย ทางอากาศ | săn-yaan dteuan phai thaang aa-gàat |
| alarma (f) | สัญญาณเตือนภัย | săn-yaan dteuan phai |
| señal (f) | สัญญาณ | săn-yaan |
| cohete (m) de señales | พลุสัญญาณ | phlú săn-yaan |
| | | |
| estado (m) mayor | กองบัญชาการ | gorng ban-chaa gaan |
| reconocimiento (m) | การลาดตระเวน | gaan lâat dtrà-wayn |
| situación (f) | สถานการณ์ | sà-thăan gaan |
| informe (m) | การรายงาน | gaan raai ngaan |
| emboscada (f) | การซุมโจมตี | gaan sûm johm dtee |
| refuerzo (m) | กำลังเสริม | gam-lang sĕrm |
| | | |
| blanco (m) | เป้าหมาย | bpâo măai |
| terreno (m) de prueba | สถานที่ทดลอง | sà-tăan thêe thót long |
| maniobras (f pl) | การซ้อมรบ | gaan sórm róp |
| | | |
| pánico (m) | ความตื่นตระหนก | khwaam dtèun dtrà-nòk |
| devastación (f) | การทำลายล้าง | gaan tham-laai láang |
| destrucciones (f pl) | ซาก | sâak |
| destruir (vt) | ทำลาย | tham laai |
| | | |
| sobrevivir (vi, vt) | รอดชีวิต | rôt chee-wít |
| desarmar (vt) | ปลดอาวุธ | bplòt aa-wút |
| manejar (un arma) | ใช้ | chái |
| | | |
| ¡Firmes! | หยุด | yùt |
| ¡Descanso! | พัก | phák |
| | | |
| hazaña (f) | การแสดงความ กล้าหาญ | gaan sà-daeng khwaam glâa hăan |
| juramento (m) | คำสาบาน | kham săa-baan |
| jurar (vt) | สาบาน | săa baan |
| | | |
| condecoración (f) | รางวัล | raang-wan |
| condecorar (vt) | มอบรางวัล | môrp raang-wan |
| medalla (f) | เหรียญรางวัล | rĭan raang-wan |
| orden (f) (~ de Merito) | เครื่องอิสริยาภรณ์ | khrêuang ìt-sà-rí-yaa-phon |
| | | |
| victoria (f) | ชัยชนะ | chai chá-ná |
| derrota (f) | ความพ่ายแพ้ | khwaam phâai pháe |
| armisticio (m) | การพักรบ | gaan phák róp |
| | | |
| bandera (f) | ธงรบ | thorng róp |
| gloria (f) | ความรุ่งโรจน์ | khwaam rûng-rôht |
| desfile (m) militar | ขบวนสวนสนาม | khà-buan sŭan sà-năam |
| marchar (desfilar) | เดินสวนสนาม | dern sŭan sà-năam |

## 114. Las armas

| arma (f) | อาวุธ | aa-wút |
| arma (f) de fuego | อาวุธปืน | aa-wút bpeun |
| arma (f) blanca | อาวุธเย็น | aa-wút yen |

| | | |
|---|---|---|
| arma (f) química | อาวุธเคมี | aa-wút khay-mee |
| nuclear (adj) | นิวเคลียร์ | niw-khlia |
| arma (f) nuclear | อาวุธนิวเคลียร์ | aa-wút niw-khlia |
| | | |
| bomba (f) | ลูกระเบิด | lôok rá-bèrt |
| bomba (f) atómica | ลูกระเบิดปรมาณู | lôok rá-bèrt bpà-rá-maa-noo |
| | | |
| pistola (f) | ปืนพก | bpeun phók |
| fusil (m) | ปืนไรเฟิล | bpeun rai-fern |
| metralleta (f) | ปืนกลมือ | bpeun gon meu |
| ametralladora (f) | ปืนกล | bpeun gon |
| | | |
| boca (f) | ปากปูระบอกปืน | bpàak bprà bòrk bpeun |
| cañón (m) (del arma) | ลำกลอง | lam glôrng |
| calibre (m) | ขนาดลำกล้อง | khà-nàat lam glôrng |
| | | |
| gatillo (m) | ไกปืน | gai bpeun |
| alza (f) | ศูนย์เล็ง | sŏon leng |
| cargador (m) | แม็กกาซีน | máek-gaa-seen |
| culata (f) | พานท้ายปืน | phaan tháai bpeun |
| | | |
| granada (f) de mano | ระเบิดมือ | rá-bèrt meu |
| explosivo (m) | วัตถุระเบิด | wát-thù rá-bèrt |
| | | |
| bala (f) | ลูกกระสุน | lôok grà-sŭn |
| cartucho (m) | ตลับกระสุน | dtà-làp grà-sŭn |
| carga (f) | กระสุน | grà-sŭn |
| pertrechos (m pl) | อาวุธยุทธภัณฑ์ | aa-wút yút-thá-phan |
| | | |
| bombardero (m) | เครื่องบินทิ้งระเบิด | khrêuang bin thíng rá-bèrt |
| avión (m) de caza | เครื่องบินขับไล่ | khrêuang bin khàp lâi |
| helicóptero (m) | เฮลิคอปเตอร์ | hay-lí-khôrp-dtêr |
| | | |
| antiaéreo (m) | ปืนต่อสู้ | bpeun dtòr sôo |
| | อากาศยาน | aa-gàat-sà-yaan |
| tanque (m) | รถถัง | rót thăng |
| cañón (m) (de un tanque) | ปืนรถถัง | bpeun rót thăng |
| | | |
| artillería (f) | ปืนใหญ่ | bpeun yài |
| cañón (m) (arma) | ปืน | bpeun |
| dirigir (un misil, etc.) | เล็งเป้าปืน | leng bpâo bpeun |
| | | |
| obús (m) | กระสุน | grà-sŭn |
| bomba (f) de mortero | กระสุนปืนครก | grà-sŭn bpeun khrók |
| mortero (m) | ปืนครก | bpeun khrók |
| trozo (m) de obús | สะเก็ดระเบิด | sà-gèt rá-bèrt |
| | | |
| submarino (m) | เรือดำน้ำ | reua dam náam |
| torpedo (m) | ตอร์ปิโด | dtor-bpì-doh |
| misil (m) | ขีปนาวุธ | khĕe-bpà-naa-wút |
| | | |
| cargar (pistola) | ใส่กระสุน | sài grà-sŭn |
| tirar (vi) | ยิง | ying |
| apuntar a ... | เล็ง | leng |
| bayoneta (f) | ดาบปลายปืน | dàap bplaai bpeun |
| espada (f) (duelo a ~) | เรเปียร์ | ray-bpia |

| | | |
|---|---|---|
| sable (m) | ดาบโค้ง | dàap khóhng |
| lanza (f) | หอก | hòrk |
| arco (m) | ธนู | thá-noo |
| flecha (f) | ลูกธนู | lôok-thá-noo |
| mosquete (m) | ปืนคาบูศิลา | bpeun khâap sì-laa |
| ballesta (f) | หน้าไม้ | nâa máai |

## 115. Los pueblos antiguos

| | | |
|---|---|---|
| primitivo (adj) | แบบดั้งเดิม | bàep dâng derm |
| prehistórico (adj) | ยุคก่อนประวัติศาสตร์ | yúk gòn bprà-wàt sàat |
| antiguo (adj) | โบราณ | boh-raan |
| | | |
| Edad (f) de Piedra | ยุคหิน | yúk hĭn |
| Edad (f) de Bronce | ยุคสำริด | yúk sămrít |
| Edad (f) de Hielo | ยุคน้ำแข็ง | yúk nám khăeng |
| | | |
| tribu (f) | เผ่า | phào |
| caníbal (m) | ผู้ที่กินเนื้อคน | phôo thêe gin néua khon |
| cazador (m) | นักล่าสัตว์ | nák lâa sàt |
| cazar (vi, vt) | ล่าสัตว์ | lâa sàt |
| mamut (m) | ช้างแมมมอธ | cháang-maem-môt |
| | | |
| caverna (f) | ถ้ำ | thâm |
| fuego (m) | ไฟ | fai |
| hoguera (f) | กองไฟ | gorng fai |
| pintura (f) rupestre | ภาพวาดในถ้ำ | phâap-wâat nai thâm |
| | | |
| útil (m) | เครื่องมือ | khrêuang meu |
| lanza (f) | หอก | hòrk |
| hacha (f) de piedra | ขวานหิน | khwăan hĭn |
| estar en guerra | ทำสงคราม | tham sŏng-khraam |
| domesticar (vt) | เชื่อง | chêuang |
| | | |
| ídolo (m) | เทวรูป | theu-rôop |
| adorar (vt) | บูชา | boo-chaa |
| | | |
| superstición (f) | ความเชื่องมงาย | khwaam chêua ngom-ngaai |
| rito (m) | พิธีกรรม | phí-thee gam |
| | | |
| evolución (f) | วิวัฒนาการ | wí-wát-thá-naa-gaan |
| desarrollo (m) | การพัฒนา | gaan phát-thá-naa |
| | | |
| desaparición (f) | การสูญพันธุ์ | gaan sŏon phan |
| adaptarse (vr) | ปรับตัว | bpràp dtua |
| | | |
| arqueología (f) | โบราณคดี | boh-raan khá-dee |
| arqueólogo (m) | นักโบราณคดี | nák boh-raan-ná-khá-dee |
| arqueológico (adj) | ทางโบราณคดี | thaang boh-raan khá-dee |
| | | |
| sitio (m) de excavación | แหล่งขุดค้น | làeng khùt khón |
| excavaciones (f pl) | การขุดค้น | gaan khùt khón |
| hallazgo (m) | สิ่งที่ค้นพบ | sìng thêe khón phóp |
| fragmento (m) | เศษชิ้นส่วน | sàyt chín sùan |

## 116. La edad media

| pueblo (m) | ชาติพันธุ์ | châat-dtì-phan |
| pueblos (m pl) | ชุดติพันธุ | châat-dtì-phan |
| tribu (f) | เผา | phào |
| tribus (f pl) | เผา | phào |

| bárbaros (m pl) | อนารยชน | à-naa-rá-yá-chon |
| galos (m pl) | ชาวโกล | chaao gloh |
| godos (m pl) | ชาวกอธ | chaao gòt |
| eslavos (m pl) | ชาวสลาฟ | chaao sà-làaf |
| vikingos (m pl) | ชาวไวกิ้ง | chaao wai-gîng |

| romanos (m pl) | ชาวโรมัน | chaao roh-man |
| romano (adj) | โรมัน | roh-man |

| bizantinos (m pl) | ชาวไบแซนไทน์ | chaao bai-saen-tpai |
| Bizancio (m) | ไบแซนเทียม | bai-saen-thiam |
| bizantino (adj) | ไบแซนไทน์ | bai-saen-thai |

| emperador (m) | จักรพรรดิ | jàk-grà-phát |
| jefe (m) | ผู้นำ | phôo nam |
| poderoso (adj) | ทรงพลัง | song phá-lang |
| rey (m) | มูหากษัตริย์ | má-hǎa gà-sàt |
| gobernador (m) | ผู้ปกครอง | phôo bpòk khrorng |

| caballero (m) | อัศวิน | àt-sà-win |
| señor (m) feudal | เจ้าครองนคร | jâo khrorng ná-khon |
| feudal (adj) | ระบบศักดินา | rá-bòp sàk-gà-dì naa |
| vasallo (m) | เจ้าของที่ดิน | jâo khǒrng thêe din |

| duque (m) | ดยุค | dà-yúk |
| conde (m) | เอิร์ล | ern |
| barón (m) | บารอน | baa-rorn |
| obispo (m) | พระบิชอป | phrá bì-chôp |

| armadura (f) | เกราะ | gròr |
| escudo (m) | โล่ | lôh |
| espada (f) (danza de ~s) | ดาบ | dàap |
| visera (f) | กะบังหน้าของหมวก | gà-bang nâa khǒrng mùak |
| cota (f) de malla | เสื้อเกราะถัก | sêua gròr thàk |

| cruzada (f) | สงครามครูเสด | sǒng-khraam khroo-sàyt |
| cruzado (m) | ผู้ทำสงคราม | phôo tham sǒng-kraam |
| | ศาสนา | sàat-sà-nǎa |

| territorio (m) | อาณาเขต | aa-naa khàyt |
| atacar (~ a un país) | โจมตี | johm dtee |
| conquistar (vt) | ยึดครอง | yéut khrorng |
| ocupar (invadir) | บุกยึด | bùk yéut |

| asedio (m), sitio (m) | การโอบล้อมโจมตี | gaan òhp lóm johm dtee |
| sitiado (adj) | ถูกล้อมกรอบ | thòok lóm gròp |
| asediar, sitiar (vt) | ล้อมโจมตี | lóm johm dtee |
| inquisición (f) | การไต่สวน | gaan dtài sǔan |

| | | |
|---|---|---|
| inquisidor (m) | ผู้ไต่สวน | phôo dtài sŭan |
| tortura (f) | การทรมาน | gaan thor-rá-maan |
| cruel (adj) | โหดร้าย | hòht ráai |
| hereje (m) | ผู้นอกรีต | phôo nôrk rêet |
| herejía (f) | ความนอกรีต | khwaam nôrk rêet |
| | | |
| navegación (f) marítima | การเดินเรือทะเล | gaan dern reua thá-lay |
| pirata (m) | โจรสลัด | john sà-làt |
| piratería (f) | การปล้นสะดม | gaan bplôn-sà-dom |
| | ในน่านน้ำทะเล | nai nâan náam thá-lay |
| abordaje (m) | การบุกขึ้นเรือ | gaan bùk khêun reua |
| botín (m) | ของที่ปล้น | khŏrng têe bplôn- |
| | สะดมมา | sà-dom maa |
| tesoros (m pl) | สมบัติ | sŏm-bàt |
| | | |
| descubrimiento (m) | การค้นพบ | gaan khón phóp |
| descubrir (tierras nuevas) | ค้นพบ | khón phóp |
| expedición (f) | การสำรวจ | gaan săm-rùat |
| | | |
| mosquetero (m) | ทหารถือ | thá-hăan thĕu |
| | ปืนคาบศิลา | bpeun khâap sì-laa |
| cardenal (m) | พระคาร์ดินัลุ | phrá khaa-dì-nan |
| heráldica (f) | มุทราศาสตร์ | mút-raa sàat |
| heráldico (adj) | ทางมุทราศาสตร์ | thaang mút-raa sàat |

## 117. El líder. El jefe. Las autoridades

| | | |
|---|---|---|
| rey (m) | ราชา | raa-chaa |
| reina (f) | ราชินี | raa-chí-nee |
| real (adj) | เกี่ยวกับราชวงศ์ | gìeow gàp râat-cha-wong |
| reino (m) | ราชอาณาจักร | râat aa-naa jàk |
| | | |
| príncipe (m) | เจ้าชาย | jâo chaai |
| princesa (f) | เจาหญิง | jâo yĭng |
| | | |
| presidente (m) | ประธานาธิบดี | bprà-thaa-naa-thí-bor-dee |
| vicepresidente (m) | รองประธา | rorng bprà-thaa- |
| | นาธิบดี | naa-thí-bor-dee |
| senador (m) | สมาชิกวุฒิสภา | sà-maa-chík wút-thí sà-phaa |
| | | |
| monarca (m) | กษัตริย์ | gà-sàt |
| gobernador (m) | ผู้ปกครอง | phôo bpòk khrorng |
| dictador (m) | เผด็จการ | phà-dèt gaan |
| tirano (m) | ทรราช | thor-rá-râat |
| magnate (m) | ผู้มีอิทธิพลสูง | phôo mee ìt-thí phon sŏong |
| | | |
| director (m) | ผู้อำนวยการ | phôo am-nuay gaan |
| jefe (m) | หัวหน้า | hŭa-nâa |
| gerente (m) | ผู้จัดการ | phôo jàt gaan |
| amo (m) | หัวหน้า | hŭa-nâa |
| dueño (m) | เจาของ | jâo khŏrng |
| | | |
| jefe (m), líder (m) | ผู้นำ | phôo nam |
| jefe (m) (~ de delegación) | หัวหน้า | hŭa-nâa |

| autoridades (f pl) | เจ้าหน้าที่ | jâo nâa-thêe |
| superiores (m pl) | ผู้บังคับบัญชา | phôo bang-kháp ban-chaa |

| gobernador (m) | ผู้ว่าการ | phôo wâa gaan |
| cónsul (m) | กงสุล | gong-sŭn |
| diplomático (m) | นักการทูต | nák gaan thôot |
| alcalde (m) | นายกเทศมนตรี | naa-yók thâyt-sà-mon-dtree |
| sheriff (m) | นายอำเภอ | naai am-pher |

| emperador (m) | จักรพรรดิ | jàk-grà-phát |
| zar (m) | ซาร์ | saa |
| faraón (m) | ฟาโรห์ | faa-roh |
| jan (m), kan (m) | ขาน | khàan |

## 118. Violar la ley. Los criminales. Unidad 1

| bandido (m) | โจร | john |
| crimen (m) | อาชญากรรม | àat-yaa-gam |
| criminal (m) | อาชญากร | àat-yaa-gon |

| ladrón (m) | ขโมย | khà-moi |
| robar (vt) | ขโมย | khà-moi |
| robo (m) (actividad) | การลักขโมย | gaan lák khà-moi |
| robo (m) (hurto) | การลักทรัพย์ | gaan lák sáp |

| secuestrar (vt) | ลักพาตัว | lák phaa dtua |
| secuestro (m) | การลักพาตัว | gaan lák phaa dtua |
| secuestrador (m) | ผู้ลักพาตัว | phôo lák phaa dtua |

| rescate (m) | ค่าไถ่ | khâa thài |
| exigir un rescate | เรียกเงินค่าไถ่ | rîak ngern khâa thài |

| robar (vt) | ปล้น | bplôn |
| robo (m) | การปล้น | gaan bplôn |
| atracador (m) | ขโมยขโจร | khà-moi khà-john |

| extorsionar (vt) | รีดไถ | rêet thăi |
| extorsionista (m) | ผู้รีดไถ | phôo rêet thăi |
| extorsión (f) | การรีดไถ | gaan rêet thăi |

| matar, asesinar (vt) | ฆ่า | khâa |
| asesinato (m) | ฆาตกรรม | khâat-dtà-gaam |
| asesino (m) | ฆาตกร | khâat-dtà-gon |

| tiro (m), disparo (m) | การยิงปืน | gaan ying bpeun |
| disparar (vi) | ยิง | ying |
| matar (a tiros) | ยิงให้ตาย | ying hâi dtaai |
| tirar (vi) | ยิง | ying |
| tiroteo (m) | การยิง | gaan ying |

| incidente (m) | เหตุการณ์ | hàyt gaan |
| pelea (f) | การต่อสู้ | gaan dtòr sôo |
| ¡Socorro! | ขอช่วย | khŏr chûay |
| víctima (f) | เหยื่อ | yèua |

| perjudicar (vt) | ทำความเสียหาย | tham khwaam sǐa hǎai |
| daño (m) | ความเสียหาย | khwaam sǐa hǎai |
| cadáver (m) | ศพ | sòp |
| grave (un delito ~) | รายแรง | ráai raeng |

| atacar (vt) | จู่โจม | jòo johm |
| pegar (golpear) | ตี | dtee |
| apporear (vt) | ซ้อม | sórm |
| quitar (robar) | ปล้น | bplôn |
| acuchillar (vt) | แทงให้ตาย | thaeng hâi dtaai |
| mutilar (vt) | ทำให้บาดเจ็บสาหัส | tham hâi bàat jèp sǎa hàt |
| herir (vt) | บาด | bàat |

| chantaje (m) | การกรรโชก | gaan-gan-chôhk |
| hacer chantaje | กรรโชก | gan-chôhk |
| chantajista (m) | ผู้ขูกรรโชก | phôo khòo gan-chôhk |

| extorsión (f) | การคุมครอง | gaan khum khrorng |
| | ผิดกฏหมาย | phìt gòt mǎai |
| extorsionador (m) | ผู้ที่หาเงิน | phôo thêe hǎa ngern |
| | จากกิจกรรมที่ | jàak gìt-jà-gam thêe |
| | ผิดกฏหมาย | phìt gòt mǎai |
| gángster (m) | เหล่าร้าย | lào ráai |
| mafia (f) | มาเฟีย | maa-fia |

| carterista (m) | ขโมยล้วงกระเป๋า | khà-moi lúang grà-bpǎo |
| ladrón (m) de viviendas | ขโมยยองเบา | khà-moi yông bao |
| contrabandismo (m) | การลักลอบ | gaan lák-lôrp |
| contrabandista (m) | ผู้ลักลอบ | phôo lák lôrp |

| falsificación (f) | การปลอมแปลง | gaan bplorm bplaeng |
| falsificar (vt) | ปลอมแปลง | bplorm bplaeng |
| falso (falsificado) | ปลอม | bplorm |

## 119. Violar la ley. Los criminales. Unidad 2

| violación (f) | การข่มขืน | gaan khòm khěun |
| violar (vt) | ขมขืน | khòm khěun |
| violador (m) | โจรขูมขืน | john khòm khěun |
| maníaco (m) | คนบ้า | khon bâa |

| prostituta (f) | โสเภณี | sǒh-phay-nee |
| prostitución (f) | การค้าประเวณี | gaan kháa bprà-way-nee |
| chulo (m), proxeneta (m) | แมงดา | maeng-daa |

| drogadicto (m) | ผู้ติดยาเสพติด | phôo dtìt yaa-sàyp-dtìt |
| narcotraficante (m) | พอค้ายาเสพติด | phôr kháa yaa-sàyp-dtìt |

| hacer explotar | ระเบิด | rá-bèrt |
| explosión (f) | การระเบิด | gaan rá-bèrt |
| incendiar (vt) | เผา | phǎo |
| incendiario (m) | ผู้ลอบวางเพลิง | phôo lôp waang phlerng |
| terrorismo (m) | การก่อการร้าย | gaan gòr gaan ráai |
| terrorista (m) | ผู้ก่อการราย | phôo gòr gaan ráai |

| | | |
|---|---|---|
| rehén (m) | ตัวประกัน | dtua bprà-gan |
| estafar (vt) | ลอลวง | lôr luang |
| estafa (f) | การลอลวง | gaan lôr luang |
| estafador (m) | นักตมตุ๋น | nák dtôm dtŭn |
| | | |
| sobornar (vt) | ติดสินบน | dtìt sĭn-bon |
| soborno (m) (delito) | การติดสินบน | gaan dtìt sĭn-bon |
| soborno (m) (dinero, etc.) | สินบน | sĭn bon |
| | | |
| veneno (m) | ยาพิษ | yaa phít |
| envenenar (vt) | วางยาพิษ | waang-yaa phít |
| envenenarse (vr) | กินยาตาย | gin yaa dtaai |
| | | |
| suicidio (m) | การฆ่าตัวตาย | gaan khâa dtua dtaai |
| suicida (m, f) | ผู้ฆ่าตัวตาย | phôo khâa dtua dtaai |
| | | |
| amenazar (vt) | ขู่ | khòo |
| amenaza (f) | คำขู่ | kham khòo |
| atentar (vi) | พยายามฆ่า | phá-yaa-yaam khâa |
| atentado (m) | การพยายามฆ่า | gaan phá-yaa-yaam khâa |
| | | |
| robar (un coche) | จี้ | jêe |
| secuestrar (un avión) | จี้ | jêe |
| | | |
| venganza (f) | การแก้แค้น | gaan gâe kháen |
| vengar (vt) | แก้แค้น | gâe kháen |
| | | |
| torturar (vt) | ทรมาณ | thon-maan |
| tortura (f) | การทรมาน | gaan thor-rá-maan |
| atormentar (vt) | ทำทารุณ | tam taa-run |
| | | |
| pirata (m) | โจรสลัด | john sà-làt |
| gamberro (m) | นักเลง | nák-layng |
| armado (adj) | มีอาวุธ | mee aa-wút |
| violencia (f) | ความรุนแรง | khwaam run raeng |
| ilegal (adj) | ผิดกฎหมาย | phìt gòt măai |
| | | |
| espionaje (m) | จารกรรม | jaa-rá-gam |
| espiar (vi, vt) | ลวงความลับ | lúang khwaam láp |

## 120. La policía. La ley. Unidad 1

| | | |
|---|---|---|
| justicia (f) | ยุติธรรม | yút-dtì-tham |
| tribunal (m) | ศาล | săan |
| | | |
| juez (m) | ผู้พิพากษา | phôo phí-phâak-săa |
| jurados (m pl) | ลูกขุน | lôok khŭn |
| tribunal (m) de jurados | การไต่สวนคดีแบบมีลูกขุน | gaan dtài sŭan khá-dee bàep mee lôok khŭn |
| juzgar (vt) | พิพากษา | phí-phâak-săa |
| | | |
| abogado (m) | ทนายความ | thá-naai khwaam |
| acusado (m) | จำเลย | jam loie |
| banquillo (m) de los acusados | คอกจำเลย | khôrk jam loie |

| | | |
|---|---|---|
| inculpación (f) | ข้อกล่าวหา | khôr glàao hăa |
| inculpado (m) | ถูกกล่าวหา | thòok glàao hăa |
| sentencia (f) | การลงโทษ | gaan long thôht |
| sentenciar (vt) | พิพากษา | phí-phâak-săa |
| culpable (m) | ผู้กระทำความผิด | phôo grà-tham khwaam phìt |
| castigar (vt) | ลงโทษ | long thôht |
| castigo (m) | การลงโทษ | gaan long thôht |
| multa (f) | ปรับ | bpràp |
| cadena (f) perpetua | การจำคุก ตลอดชีวิต | gaan jam khúk dtà-lòt chee-wít |
| pena (f) de muerte | โทษประหาร | thôht-bprà-hăan |
| silla (f) eléctrica | เก้าอี้ไฟฟ้า | gâo-êe fai-fáa |
| horca (f) | ตะแลงแกง | dtà-laeng-gaeng |
| ejecutar (vt) | ประหาร | bprà-hăan |
| ejecución (f) | การประหาร | gaan bprà-hăan |
| prisión (f) | คุก | khúk |
| celda (f) | ห้องขัง | hôrng khăng |
| escolta (f) | ผู้ควบคุมตัว | phôo khûap khum dtua |
| guardia (m) de prisiones | ผู้คุม | phôo khum |
| prisionero (m) | นักโทษ | nák thôht |
| esposas (f pl) | กุญแจมือ | gun-jae meu |
| esposar (vt) | ใส่กุญแจมือ | sài gun-jae meu |
| escape (m) | การแหกคุก | gaan hàek khúk |
| escaparse (vr) | แหก | hàek |
| desaparecer (vi) | หายตัวไป | hăai dtua bpai |
| liberar (vt) | ถูกปล่อยตัว | thòok bplòi dtua |
| amnistía (f) | การนิรโทษกรรม | gaan ní-rá-thôht gam |
| policía (f) (~ nacional) | ตำรวจ | dtam-rùat |
| policía (m) | เจ้าหน้าที่ตำรวจ | jâo nâa-thêe dtam-rùat |
| comisaría (f) de policía | สถานีตำรวจ | sà-thăa-nee dtam-rùat |
| porra (f) | กระบองตำรวจ | grà-bong dtam-rùat |
| megáfono (m) | โทรโข่ง | toh-ra -khòhng |
| coche (m) patrulla | รถลาดตระเวน | rót lâat dtrà-wayn |
| sirena (f) | หวอ | wŏr |
| poner la sirena | เปิดหวอ | bpèrt wŏr |
| canto (m) de la sirena | เสียงหวอ | sĭang wŏr |
| escena (f) del delito | ที่เกิดเหตุ | thêe gèrt hàyt |
| testigo (m) | พยาน | phá-yaan |
| libertad (f) | อิสระ | ìt-sà-rà |
| cómplice (m) | ผู้ร่วมกระทำผิด | phôo rûam grà-tham phìt |
| escapar de ... | หนี | nĕe |
| rastro (m) | ร่องรอย | rôhng roi |

## 121.  La policía. La ley. Unidad 2

| | | |
|---|---|---|
| búsqueda (f) | การสืบสวน | gaan sèup sŭan |
| buscar (~ el criminal) | หาตัว | hăa dtua |
| sospecha (f) | ความสงสัย | khwaam sŏng-săi |
| sospechoso (adj) | น่าสงสัย | nâa sŏng-săi |
| parar (~ en la calle) | เรียกให้หยุด | rîak hâi yùt |
| retener (vt) | กักตัว | gàk dtua |
| | | |
| causa (f) (~ penal) | คดี | khá-dee |
| investigación (f) | การสืบสวน | gaan sèup sŭan |
| detective (m) | นักสืบ | nák sèup |
| investigador (m) | นักสอบสวน | nák sòrp sŭan |
| versión (f) | สันนิษฐาน | săn-nít-thăan |
| | | |
| motivo (m) | เหตุจูงใจ | hàyt joong jai |
| interrogatorio (m) | การสอบปากคำ | gaan sòp bpàak kham |
| interrogar (vt) | สอบสวน | sòrp sŭan |
| interrogar (al testigo) | ไต่ถาม | thài thăam |
| control (m) (de vehículos, etc.) | การตรวจสอบ | gaan dtrùat sòp |
| | | |
| redada (f) | การรวบตัว | gaan rûap dtua |
| registro (m) (~ de la casa) | การตรวจค้น | gaan dtrùat khón |
| persecución (f) | การุไล่ล่า | gaan lâi lâa |
| perseguir (vt) | ไล่ล่า | lâi lâa |
| rastrear (~ al criminal) | สืบ | sèup |
| | | |
| arresto (m) | การจับกุม | gaan jàp gum |
| arrestar (vt) | จับกุม | jàp gum |
| capturar (vt) | จับ | jàp |
| captura (f) | การจับ | gaan jàp |
| | | |
| documento (m) | เอกสาร | àyk săan |
| prueba (f) | หลักฐาน | làk thăan |
| probar (vt) | พิสูจน์ | phí-sòot |
| huella (f) (pisada) | รอยเท้า | roi tháo |
| huellas (f pl) digitales | รอยนิ้วมือ | roi níw meu |
| elemento (m) de prueba | หลักฐาน | làk thăan |
| | | |
| coartada (f) | ข้อแก้ตัว | khôr gâe dtua |
| inocente (no culpable) | พ้นผิด | phón phìt |
| injusticia (f) | ความอยุติธรรม | khwaam a-yút-dtì-tam |
| injusto (adj) | ไม่เป็นธรรม | mâi bpen-tham |
| | | |
| criminal (adj) | อาชญากร | àat-yaa-gon |
| confiscar (vt) | ยึด | yéut |
| narcótico (f) | ยาเสพติด | yaa sàyp dtìt |
| arma (f) | อาวุธ | aa-wút |
| desarmar (vt) | ปลดอาวุธ | bplòt aa-wút |
| ordenar (vt) | ออกคำสั่ง | òrk kham sàng |
| desaparecer (vi) | หายตัวไป | hăai dtua bpai |
| | | |
| ley (f) | กฎหมาย | gòt măai |
| legal (adj) | ตามกฎหมาย | dtaam gòt măai |
| ilegal (adj) | ผิดกฎหมาย | phìt gòt măai |

| | | |
|---|---|---|
| responsabilidad (f) | ความรับผิดชอบ | khwaam ráp phìt chôp |
| responsable (adj) | รับผิดชอบ | ráp phìt chôp |

# LA NATURALEZA

## La tierra. Unidad 1

### 122. El espacio

| | | |
|---|---|---|
| cosmos (m) | อวกาศ | a-wá-gàat |
| espacial, cósmico (adj) | ทางอวกาศ | thang a-wá-gàat |
| espacio (m) cósmico | อวกาศ | a-wá-gàat |
| mundo (m) | โลก | lôhk |
| universo (m) | จักรวาล | jàk-grà-waan |
| galaxia (f) | ดาราจักร | daa-raa jàk |
| estrella (f) | ดาว | daao |
| constelación (f) | กลุ่มดาว | glùm daao |
| planeta (m) | ดาวเคราะห์ | daao khrór |
| satélite (m) | ดาวเทียม | daao thiam |
| meteorito (m) | ดาวตก | daao dtòk |
| cometa (f) | ดาวหาง | daao hăang |
| asteroide (m) | ดาวเคราะห์น้อย | daao khrór nói |
| órbita (f) | วงโคจร | wong khoh-jon |
| girar (vi) | เวียน | wian |
| atmósfera (f) | บรรยากาศ | ban-yaa-gàat |
| Sol (m) | ดวงอาทิตย์ | duang aa-thít |
| Sistema (m) Solar | ระบบสุริยะ | rá-bòp sù-rí-yá |
| eclipse (m) de Sol | สุริยุปราคา | sù-rí-yú-bpà-raa-kaa |
| Tierra (f) | โลก | lôhk |
| Luna (f) | ดวงจันทร์ | duang jan |
| Marte (m) | ดาวอังคาร | daao ang-khaan |
| Venus (f) | ดาวศุกร์ | daao sùk |
| Júpiter (m) | ดาวพฤหัส | daao phá-réu-hàt |
| Saturno (m) | ดาวเสาร์ | daao săo |
| Mercurio (m) | ดาวพุธ | daao phút |
| Urano (m) | ดาวยูเรนัส | daao-yoo-ray-nát |
| Neptuno (m) | ดาวเนปจูน | daao-nâyp-joon |
| Plutón (m) | ดาวพลูโต | daao phloo-dtoh |
| la Vía Láctea | ทางช้างเผือก | thaang cháang phèuak |
| la Osa Mayor | กลุ่มดาวหมีใหญ่ | glùm daao mĕe yài |
| la Estrella Polar | ดาวเหนือ | daao nĕua |
| marciano (m) | ชาวดาวอังคาร | chaao daao ang-khaan |
| extraterrestre (m) | มนุษยตางดาว | má-nút dtàang daao |

| | | |
|---|---|---|
| planetícola (m) | มนุษย์ต่างดาว | má-nút dtàang daao |
| platillo (m) volante | จานบิน | jaan bin |
| | | |
| nave (f) espacial | ยานอวกาศ | yaan a-wá-gàat |
| estación (f) orbital | สถานีอวกาศ | sà-thǎa-nee a-wá-gàat |
| despegue (m) | การปล่อยจรวด | gaan bplòi jà-rùat |
| | | |
| motor (m) | เครื่องยนต์ | khrêuang yon |
| tobera (f) | ท่อไอพ่น | thôr ai phôn |
| combustible (m) | เชื้อเพลิง | chéua phlerng |
| | | |
| carlinga (f) | ที่นั่งคนขับ | thêe nâng khon khàp |
| antena (f) | เสาอากาศ | sǎo aa-gàat |
| ventana (f) | ช่อง | chôrng |
| batería (f) solar | อุปกรณ์พลังงานแสงอาทิตย์ | ù-bpà-gon phá-lang ngaan sǎeng aa-thít |
| escafandra (f) | ชุดอวกาศ | chút a-wá-gàat |
| | | |
| ingravidez (f) | สภาพไร้น้ำหนัก | sà-phâap rái nám nàk |
| oxígeno (m) | อ็อกซิเจน | ók sí jayn |
| | | |
| atraque (m) | การเทียบท่า | gaan thîap thâa |
| realizar el atraque | เทียบทา | thîap thâa |
| | | |
| observatorio (m) | หอดูดาว | hǒr doo daao |
| telescopio (m) | กล้องโทรทรรศน์ | glôrng thoh-rá-thát |
| observar (vt) | เฝ้าสังเกต | fâo sǎng-gàyt |
| explorar (~ el universo) | สำรวจ | sǎm-rùat |

## 123. La tierra

| | | |
|---|---|---|
| Tierra (f) | โลก | lôhk |
| globo (m) terrestre | ลูกโลก | lôok lôhk |
| planeta (m) | ดาวเคราะห์ | daao khrór |
| | | |
| atmósfera (f) | บรรยากาศ | ban-yaa-gàat |
| geografía (f) | ภูมิศาสตร์ | phoo-mí-sàat |
| naturaleza (f) | ธรรมชาติ | tham-má-châat |
| | | |
| globo (m) terráqueo | ลูกโลก | lôok lôhk |
| mapa (m) | แผนที่ | phǎen thêe |
| atlas (m) | หนังสือแผนที่โลก | nǎng-sěu phǎen thêe lôhk |
| | | |
| Europa (f) | ยุโรป | yú-ròhp |
| Asia (f) | เอเชีย | ay-chia |
| África (f) | แอฟริกา | àef-rí-gaa |
| Australia (f) | ออสเตรเลีย | òrt-dtray-lia |
| | | |
| América (f) | อเมริกา | a-may-rí-gaa |
| América (f) del Norte | อเมริกาเหนือ | a-may-rí-gaa něua |
| América (f) del Sur | อเมริกาใต้ | a-may-rí-gaa dtâi |
| | | |
| Antártida (f) | แอนตาร์กติกา | aen-dtàak-dtì-gaa |
| Ártico (m) | อาร์กติค | àak-dtìk |

## 124. Los puntos cardinales

| | | |
|---|---|---|
| norte (m) | เหนือ | nĕua |
| al norte | ทิศเหนือ | thít nĕua |
| en el norte | ที่ภาคเหนือ | thêe phâak nĕua |
| del norte (adj) | ทางเหนือ | thaang nĕua |
| sur (m) | ใต้ | dtâi |
| al sur | ทิศใต้ | thít dtâi |
| en el sur | ที่ภาคใต้ | thêe phâak dtâi |
| del sur (adj) | ทางใต้ | thaang dtâi |
| oeste (m) | ตะวันตก | dtà-wan dtòk |
| al oeste | ทิศตะวันตก | thít dtà-wan dtòk |
| en el oeste | ที่ภาคตะวันตก | thêe phâak dtà-wan dtòk |
| del oeste (adj) | ทางตะวันตก | thaang dtà-wan dtòk |
| este (m) | ตะวันออก | dtà-wan òrk |
| al este | ทิศตะวันออก | thít dtà-wan òrk |
| en el este | ที่ภาคตะวันออน | thêe phâak dtà-wan òrk |
| del este (adj) | ทางตะวันออก | thaang dtà-wan òrk |

## 125. El mar. El océano

| | | |
|---|---|---|
| mar (m) | ทะเล | thá-lay |
| océano (m) | มหาสมุทร | má-hăa sà-mùt |
| golfo (m) | อ่าว | àao |
| estrecho (m) | ช่องแคบ | chôrng khâep |
| tierra (f) firme | พื้นดิน | phéun din |
| continente (m) | ทวีป | thá-wêep |
| isla (f) | เกาะ | gòr |
| península (f) | คาบสมุทร | khâap sà-mùt |
| archipiélago (m) | หมู่เกาะ | mòo gòr |
| bahía (f) | อ่าว | àao |
| puerto (m) | ท่าเรือ | thâa reua |
| laguna (f) | ลากูน | laa-goon |
| cabo (m) | แหลม | lăem |
| atolón (m) | อะทอลล์ | à-thorn |
| arrecife (m) | แนวปะการัง | naew bpà-gaa-rang |
| coral (m) | ปะการัง | bpà gaa-rang |
| arrecife (m) de coral | แนวปะการัง | naew bpà-gaa-rang |
| profundo (adj) | ลึก | léuk |
| profundidad (f) | ความลึก | khwaam léuk |
| abismo (m) | หุบเหวลึก | hùp wăy léuk |
| fosa (f) oceánica | ร่องลึกกนสมุทร | rông léuk gôn sà-mùt |
| corriente (f) | กระแสน้ำ | grà-săe náam |
| bañar (rodear) | ล้อมรอบ | lórm rôrp |

| orilla (f) | ชายฝั่ง | chaai fàng |
| costa (f) | ชายฝั่ง | chaai fàng |

| flujo (m) | น้ำขึ้น | náam khêun |
| reflujo (m) | น้ำลง | náam long |
| banco (m) de arena | หาดตื้น | hàat dtêun |
| fondo (m) | กนทะเล | gôn thá-lay |

| ola (f) | คลื่น | khlêun |
| cresta (f) de la ola | มวนคลื่น | múan khlêun |
| espuma (f) | ฟองคลื่น | forng khlêun |

| tempestad (f) | พายุ | phaa-yú |
| huracán (m) | พายุเฮอร์ริเคน | phaa-yú her-rí-khayn |
| tsunami (m) | คลื่นยักษ์ | khlêun yák |
| bonanza (f) | ภาวะไร้ลมพัด | phaa-wá rái lom phát |
| calmo, tranquilo | สงบ | sà-ngòp |

| polo (m) | ขั้วโลก | khûa lôhk |
| polar (adj) | ขั้วโลก | khûa lôhk |

| latitud (f) | เส้นรุ้ง | sên rúng |
| longitud (f) | เส้นแวง | sên waeng |
| paralelo (m) | เส้นขนาน | sên khà-nǎan |
| ecuador (m) | เสนศูนย์สูตร | sên sǒon sòot |

| cielo (m) | ท้องฟ้า | thórng fáa |
| horizonte (m) | ขอบฟ้า | khòrp fáa |
| aire (m) | อากาศ | aa-gàat |

| faro (m) | ประภาคาร | bprà-phaa-khaan |
| bucear (vi) | ดำ | dam |
| hundirse (vr) | จม | jom |
| tesoros (m pl) | สมบัติ | sǒm-bàt |

## 126. Los nombres de los mares y los océanos

| océano (m) Atlántico | มหาสมุทรแอตแลนติก | má-hǎa sà-mùt àet-laen-dtìk |
| océano (m) Índico | มหาสมุทรอินเดีย | má-hǎa sà-mùt in-dia |
| océano (m) Pacífico | มหาสมุทรแปซิฟิก | má-hǎa sà-mùt bpae-sí-fík |
| océano (m) Glacial Ártico | มหาสมุทรอาร์คติก | má-hǎa sà-mùt aa-ká-dtìk |

| mar (m) Negro | ทะเลดำ | thá-lay dam |
| mar (m) Rojo | ทะเลแดง | thá-lay daeng |
| mar (m) Amarillo | ทะเลเหลือง | thá-lay lěuang |
| mar (m) Blanco | ทะเลขาว | thá-lay khǎao |

| mar (m) Caspio | ทะเลแคสเปียน | thá-lay khâet-bpian |
| mar (m) Muerto | ทะเลเดดซี | thá-lay dàyt-see |
| mar (m) Mediterráneo | ทะเลเมดิเตอร์เรเนียน | thá-lay may-dì-dtêr-ray-nian |

| mar (m) Egeo | ทะเลเอเจี้ยน | thá-lay ay-jîan |
| mar (m) Adriático | ทะเลเอเดรียติก | thá-lay ay-day-ree-yá-dtìk |
| mar (m) Arábigo | ทะเลอาหรับ | thá-lay aa-ràp |

| mar (m) del Japón | ทะเลญี่ปุ่น | thá-lay yêe-bpùn |
|---|---|---|
| mar (m) de Bering | ทะเลเบริง | thá-lay bae-ring |
| mar (m) de la China Meridional | ทะเลจีนใต้ | thá-lay jeen-dtâi |

| mar (m) del Coral | ทะเลคอรัล | thá-lay khor-ran |
|---|---|---|
| mar (m) de Tasmania | ทะเลแทสมัน | thá-lay thâet man |
| mar (m) Caribe | ทะเลแคริบเบียน | thá-lay khae-ríp-bian |

| mar (m) de Barents | ทะเลบาเรนท์ | thá-lay baa-rayn |
|---|---|---|
| mar (m) de Kara | ทะเลคารา | thá-lay khaa-raa |

| mar (m) del Norte | ทะเลเหนือ | thá-lay něua |
|---|---|---|
| mar (m) Báltico | ทะเลบอลติก | thá-lay bon-dtìk |
| mar (m) de Noruega | ทะเลนอรเวย์ | thá-lay nor-rá-way |

## 127. Las montañas

| montaña (f) | ภูเขา | phoo khǎo |
|---|---|---|
| cadena (f) de montañas | ทิวเขา | thiw khǎo |
| cresta (f) de montañas | สันเขา | sǎn khǎo |

| cima (f) | ยอดเขา | yôrt khǎo |
|---|---|---|
| pico (m) | ยอด | yôrt |
| pie (m) | ตีนเขา | dteun khǎo |
| cuesta (f) | ไหลเขา | lài khǎo |

| volcán (m) | ภูเขาไฟ | phoo khǎo fai |
|---|---|---|
| volcán (m) activo | ภูเขาไฟมีพลัง | phoo khǎo fai mee phá-lang |
| volcán (m) apagado | ภูเขาไฟที่ดับแล้ว | phoo khǎo fai thêe dàp láew |

| erupción (f) | ภูเขาไฟระเบิด | phoo khǎo fai rá-bèrt |
|---|---|---|
| cráter (m) | ปล่องภูเขาไฟ | bplòng phoo khǎo fai |
| magma (f) | หินหนืด | hǐn nèut |
| lava (f) | ลาวา | laa-waa |
| fundido (lava ~a) | หลอมเหลว | lǒrm lěo |

| cañón (m) | หุบเขาลึก | hùp khǎo léuk |
|---|---|---|
| desfiladero (m) | ช่องเขา | chôrng khǎo |
| grieta (f) | รอยแตกภูเขา | roi dtàek phoo khǎo |
| precipicio (m) | หุบเหวลึก | hùp wǎy léuk |

| puerto (m) (paso) | ทางผ่าน | thaang phàan |
|---|---|---|
| meseta (f) | ที่ราบสูง | thêe râap sǒong |
| roca (f) | หน้าผา | nâa phǎa |
| colina (f) | เนินเขา | nern khǎo |

| glaciar (m) | ธารน้ำแข็ง | thaan náam khǎeng |
|---|---|---|
| cascada (f) | น้ำตก | nám dtòk |
| geiser (m) | น้ำพุร้อน | nám phú rórn |
| lago (m) | ทะเลสาบ | thá-lay sàap |

| llanura (f) | ที่ราบ | thêe râap |
|---|---|---|
| paisaje (m) | ภูมิทัศน์ | phoom thát |

| | | |
|---|---|---|
| eco (m) | เสียงสะท้อน | sĭang sà-thón |
| alpinista (m) | นักปีนเขา | nák bpeen khăo |
| escalador (m) | นักไต่เขา | nák dtài khăo |
| conquistar (vt) | ไต่เขาถึงยอด | dtài khăo thĕung yôt |
| ascensión (f) | การปีนเขา | gaan bpeen khăo |

## 128. Los nombres de las montañas

| | | |
|---|---|---|
| Alpes (m pl) | เทือกเขาแอลป์ | thĕuak-khăo-aen |
| Montblanc (m) | ยอดเขามงบล็อง | yôt khăo mong-bà-lŏng |
| Pirineos (m pl) | เทือกเขาไพรีนีส | thĕuak khăo pai-ree-nêet |
| | | |
| Cárpatos (m pl) | เทือกเขาคาร์เพเทียน | thĕuak khăo khaa-phay-thian |
| Urales (m pl) | เทือกเขายูรัล | thĕuak khăo yoo-ran |
| Cáucaso (m) | เทือกเขาคอเคซัส | thĕuak khăo khor-khay-sát |
| Elbrus (m) | ยอดเขาเอลบรุส | yôt khăo ayn-brùt |
| | | |
| Altai (m) | เทือกเขาอัลไต | thĕuak khăo an-dtai |
| Tian-Shan (m) | เทือกเขาเทียนชาน | thĕuak khăo thian-chaan |
| Pamir (m) | เทือกเขาพาเมียร์ | thĕuak khăo paa-mia |
| Himalayos (m pl) | เทือกเขาหิมาลัย | thĕuak khăo hì-maa-lai |
| Everest (m) | ยอดเขาเอเวอเรสต์ | yôt khăo ay-wer-râyt |
| | | |
| Andes (m pl) | เทือกเขาแอนดีส | thĕuak-khăo-aen-dèet |
| Kilimanjaro (m) | ยอดเขาคิลิมันจาโร | yôt khăo khí-lí-man-jaa-roh |

## 129. Los ríos

| | | |
|---|---|---|
| río (m) | แม่น้ำ | mâe náam |
| manantial (m) | แหลงน้ำแร่ | làeng náam râe |
| lecho (m) (curso de agua) | เสนทางแมน้ำ | sên thaang mâe náam |
| cuenca (f) fluvial | ลุมน้ำ | lûm náam |
| desembocar en … | ไหลไปสู่… | lăi bpai sòo... |
| | | |
| afluente (m) | สาขา | săa-khăa |
| ribera (f) | ฝั่งแม่น้ำ | fàng mâe náam |
| | | |
| corriente (f) | กระแสน้ำ | grà-săe náam |
| río abajo (adv) | ตามกระแสน้ำ | dtaam grà-săe náam |
| río arriba (adv) | ทวนน้ำ | thuan náam |
| | | |
| inundación (f) | น้ำท่วม | nám thûam |
| riada (f) | น้ำทวม | nám thûam |
| desbordarse (vr) | เอ่อลน | èr lón |
| inundar (vt) | ทวม | thûam |
| | | |
| bajo (m) arenoso | บริเวณน้ำตื้น | bor-rí-wayn nám dtêun |
| rápido (m) | กระแสน้ำเชี่ยว | grà-săe nám-chîeow |
| | | |
| presa (f) | เขื่อน | khèuan |
| canal (m) | คลอง | khlorng |
| lago (m) artificiale | ที่เก็บกักน้ำ | thêe gèp gàk náam |

| esclusa (f) | ประตูระบายน้ำ | bprà-dtoo rá-baai náam |
| cuerpo (m) de agua | พื้นน้ำ | phéun náam |
| pantano (m) | บึง | beung |
| ciénaga (m) | หวย | hûay |
| remolino (m) | น้ำวน | nám won |

| arroyo (m) | ลำธาร | lam thaan |
| potable (adj) | น้ำดื่มได้ | nám dèum dâai |
| dulce (agua ~) | น้ำจืด | nám jèut |

| hielo (m) | น้ำแข็ง | nám khǎeng |
| helarse (el lago, etc.) | แช่แข็ง | châe khǎeng |

## 130. Los nombres de los ríos

| Sena (m) | แม่น้ำเซน | mâe náam sayn |
| Loira (m) | แมน้ำลัวร์ | mâe-náam lua |

| Támesis (m) | แม่น้ำเทมส์ | mâe-náam them |
| Rin (m) | แม่น้ำไรน์ | mâe-náam rai |
| Danubio (m) | แมน้ำดานูบ | mâe-náam daa-nôop |

| Volga (m) | แม่น้ำวอลกา | mâe-náam won-gaa |
| Don (m) | แม่น้ำดอน | mâe-náam don |
| Lena (m) | แมน้ำลีนา | mâe-náam lee-naa |

| Río (m) Amarillo | แม่น้ำหวง | mâe-náam hǔang |
| Río (m) Azul | แม่น้ำแยงซี | mâe-náam yaeng-see |
| Mekong (m) | แม่น้ำโขง | mâe-náam khǒhng |
| Ganges (m) | แมน้ำคงคา | mâe-náam khong-khaa |

| Nilo (m) | แม่น้ำไนล์ | mâe-náam nai |
| Congo (m) | แม่น้ำคองโก | mâe-náam khong-goh |
| Okavango (m) | แมน้ำ โอคาวังโก | mâe-náam oh-khaa wang goh |
| Zambeze (m) | แม่น้ำแซมบีซี | mâe-náam saem bee see |
| Limpopo (m) | แม่น้ำลิมโปโป | mâe-náam lim-bpoh-bpoh |
| Misisipí (m) | แมน้ำมิสซิสซิปปี | mâe-náam mít-sít-síp-bpee |

## 131. El bosque

| bosque (m) | ป่าไม้ | bpàa máai |
| de bosque (adj) | ป่า | bpàa |

| espesura (f) | ป่าทึบ | bpàa théup |
| bosquecillo (m) | ป่าละเมาะ | bpàa lá-mór |
| claro (m) | ทุงโล่ง | thûng lôhng |

| maleza (f) | ป่าละเมาะ | bpàa lá-mór |
| matorral (m) | ป่าละเมาะ | bpàa lá-mór |
| senda (f) | ทางเดิน | thaang dern |
| barranco (m) | รองธาร | rông thaan |

| | | |
|---|---|---|
| árbol (m) | ต้นไม้ | dtôn máai |
| hoja (f) | ใบไม้ | bai máai |
| follaje (m) | ใบไม้ | bai máai |
| | | |
| caída (f) de hojas | ใบไม้ร่วง | bai máai rûang |
| caer (las hojas) | ร่วง | rûang |
| cima (f) | ยอด | yôrt |
| | | |
| rama (f) | กิ่ง | gìng |
| rama (f) (gruesa) | กานไม้ | gâan mái |
| brote (m) | ยอดออน | yôrt òrn |
| aguja (f) | เข็ม | khěm |
| piña (f) | ลูกสน | lôok sǒn |
| | | |
| agujero (m) | โพรงไม้ | phrohng máai |
| nido (m) | รัง | rang |
| madriguera (f) | โพรง | phrohng |
| | | |
| tronco (m) | ลำต้น | lam dtôn |
| raíz (f) | ราก | râak |
| corteza (f) | เปลือกไม้ | bplèuak máai |
| musgo (m) | มอส | môt |
| | | |
| extirpar (vt) | ถอนราก | thǒrn râak |
| talar (vt) | โคน | khôhn |
| deforestar (vt) | ตัดไม้ทำลายป่า | dtàt mái tham laai bpàa |
| tocón (m) | ตอไม | dtor máai |
| | | |
| hoguera (f) | กองไฟ | gorng fai |
| incendio (m) | ไฟป่า | fai bpàa |
| apagar (~ el incendio) | ดับไฟ | dàp fai |
| | | |
| guarda (m) forestal | เจ้าหน้าที่ดูแลป่า | jâo nâa-thêe doo lae bpàa |
| protección (f) | การปกป้อง | gaan bpòk bpôrng |
| proteger (vt) | ปกป้อง | bpòk bpôrng |
| cazador (m) furtivo | นักลอบล่าสัตว์ | nák lôrp lâa sàt |
| cepo (m) | กับดักเหล็ก | gàp dàk lèk |
| | | |
| recoger (setas, bayas) | เก็บ | gèp |
| perderse (vr) | หลงทาง | lǒng thaang |

## 132. Los recursos naturales

| | | |
|---|---|---|
| recursos (m pl) naturales | ทรัพยากร ธรรมชาติ | sáp-pá-yaa-gon tham-má-châat |
| minerales (m pl) | แร่ | râe |
| depósitos (m pl) | ตะกอน | dtà-gorn |
| yacimiento (m) | บอ | bòr |
| | | |
| extraer (vt) | ขุดแร่ | khùt râe |
| extracción (f) | การขุดแร่ | gaan khùt râe |
| mineral (m) | แร | râe |
| mina (f) | เหมืองแร่ | měuang râe |
| pozo (m) de mina | ช่องเหมือง | chôrng měuang |

| minero (m) | คนงานเหมือง | khon ngaan měuang |
| gas (m) | แกส | gáet |
| gasoducto (m) | ทอแกส | thôr gáet |

| petróleo (m) | น้ำมัน | nám man |
| oleoducto (m) | ทอน้ำมัน | thôr náam man |
| torre (f) petrolera | บอน้ำมัน | bòr náam man |
| torre (f) de sondeo | ปั่นจั่นขนาดใหญ่ | bpân jàn khà-nàat yài |
| petrolero (m) | เรือบรรทุกน้ำมัน | reua ban-thúk nám man |

| arena (f) | ทราย | saai |
| caliza (f) | หินปูน | hǐn bpoon |
| grava (f) | กรวด | grùat |
| turba (f) | พีต | phêet |
| arcilla (f) | ดินเหนียว | din nǐeow |
| carbón (m) | ถานหิน | thàan hǐn |

| hierro (m) | เหล็ก | lèk |
| oro (m) | ทอง | thorng |
| plata (f) | เงิน | ngern |
| níquel (m) | นิเกิล | ní-gêrn |
| cobre (m) | ทองแดง | thorng daeng |

| zinc (m) | สังกะสี | sǎng-gà-sěe |
| manganeso (m) | แมงกานีส | maeng-gaa-nêet |
| mercurio (m) | ปรอท | bpa -ròrt |
| plomo (m) | ตะกั่ว | dtà-gùa |

| mineral (m) | แร่ | râe |
| cristal (m) | ผลึก | phà-lèuk |
| mármol (m) | หินออน | hǐn òrn |
| uranio (m) | ยูเรเนียม | yoo-ray-niam |

# La tierra. Unidad 2

## 133. El tiempo

| | | |
|---|---|---|
| tiempo (m) | สภาพอากาศ | sà-phâap aa-gàat |
| previsión (m) del tiempo | พยากรณ์ | phá-yaa-gon |
| | สภาพอากาศ | sà-phâap aa-gàat |
| temperatura (f) | อุณหภูมิ | un-hà-phoom |
| termómetro (m) | ปรอทวัดอุณหภูมิ | bpà-ròrt wát un-hà-phoom |
| barómetro (m) | เครื่องวัดความดัน | khrêuang wát khwaam dan |
| | บรรยากาศ | ban-yaa-gàat |
| | | |
| húmedo (adj) | ชื้น | chéun |
| humedad (f) | ความชื้น | khwaam chéun |
| | | |
| bochorno (m) | ความร้อน | khwaam rórn |
| tórrido (adj) | ร้อน | rórn |
| hace mucho calor | มันร้อน | man rórn |
| | | |
| hace calor (templado) | มันอุ่น | man ùn |
| templado (adj) | อุ่น | ùn |
| | | |
| hace frío | อากาศเย็น | aa-gàat yen |
| frío (adj) | เย็น | yen |
| sol (m) | ดวงอาทิตย์ | duang aa-thít |
| brillar (vi) | สองแสง | sòrng sǎeng |
| soleado (un día ~) | มีแสงแดด | mee sǎeng dàet |
| elevarse (el sol) | ขึ้น | khêun |
| ponerse (vr) | ตก | dtòk |
| | | |
| nube (f) | เมฆ | mâyk |
| nuboso (adj) | มีเมฆมาก | mee mâyk mâak |
| nubarrón (m) | เมฆฝน | mâyk fǒn |
| nublado (adj) | มืดครึ้ม | mêut khréum |
| | | |
| lluvia (f) | ฝน | fǒn |
| está lloviendo | ฝนตก | fǒn dtòk |
| lluvioso (adj) | ฝนตก | fǒn dtòk |
| lloviznar (vi) | ฝนปรอย | fòn bproi |
| | | |
| aguacero (m) | ฝนตกหนัก | fǒn dtòk nàk |
| chaparrón (m) | ฝนห่าใหญ่ | fǒn hàa yài |
| fuerte (la lluvia ~) | หนัก | nàk |
| charco (m) | หลุมน้ำ | lòm nám |
| mojarse (vr) | เปียก | bpìak |
| | | |
| niebla (f) | หมอก | mòrk |
| nebuloso (adj) | หมอกจัด | mòrk jàt |
| nieve (f) | หิมะ | hì-má |
| está nevando | หิมะตก | hì-má dtòk |

## 134. Los eventos climáticos severos. Los desastres naturales

| | | |
|---|---|---|
| tormenta (f) | พายุฟ้าคะนอง | phaa-yú fáa khá-nong |
| relámpago (m) | ฟ้าผา | fáa phàa |
| relampaguear (vi) | แลบ | lâep |
| trueno (m) | ฟ้าคะนอง | fáa khá-norng |
| tronar (vi) | มีฟ้าคะนอง | mee fáa khá-norng |
| está tronando | มีฟ้าร้อง | mee fáa rórng |
| granizo (m) | ลูกเห็บ | lôok hèp |
| está granizando | มีลูกเห็บตก | mee lôok hèp dtòk |
| inundar (vt) | ท่วม | thûam |
| inundación (f) | น้ำท่วม | nám thûam |
| terremoto (m) | แผ่นดินไหว | phàen din wăi |
| sacudida (f) | ไหว | wăi |
| epicentro (m) | จุดเหนือศูนย์แผ่นดินไหว | jùt nĕua sŏon phàen din wăi |
| erupción (f) | ภูเขาไฟระเบิด | phoo khăo fai rá-bèrt |
| lava (f) | ลาวา | laa-waa |
| torbellino (m) | พายุหมุน | phaa-yú mŭn |
| tornado (m) | พายุทอร์เนโด | phaa-yú thor-nay-doh |
| tifón (m) | พายุไต้ฝุ่น | phaa-yú dtâi fùn |
| huracán (m) | พายุเฮอร์ริเคน | phaa-yú her-rí-khayn |
| tempestad (f) | พายุ | phaa-yú |
| tsunami (m) | คลื่นสึนามิ | khlêun sèu-naa-mí |
| ciclón (m) | พายุไซโคลน | phaa-yú sai-khlohn |
| mal tiempo (m) | อากาศไม่ดี | aa-gàat mâi dee |
| incendio (m) | ไฟไหม้ | fai mâi |
| catástrofe (f) | ความหายนะ | khwaam hăa-yá-ná |
| meteorito (m) | อุกกาบาต | ùk-gaa-bàat |
| avalancha (f) | หิมะถล่ม | hì-má thà-lòm |
| alud (m) de nieve | หิมะถล่ม | hì-má thà-lòm |
| ventisca (f) | พายุหิมะ | phaa-yú hì-má |
| nevasca (f) | พายุหิมะ | phaa-yú hì-má |

# La fauna

## 135. Los mamíferos. Los predadores

| carnívoro (m) | สัตว์กินเนื้อ | sàt gin néua |
| tigre (m) | เสือ | sěua |
| león (m) | สิงโต | sǐng dtoh |
| lobo (m) | หมาป่า | mǎa bpàa |
| zorro (m) | หมาจิ้งจอก | mǎa jîng-jòk |

| jaguar (m) | เสือจากัวร์ | sěua jaa-gua |
| leopardo (m) | เสือดาว | sěua daao |
| guepardo (m) | เสือชีตาห์ | sěua chee-dtaa |

| pantera (f) | เสือดำ | sěua dam |
| puma (f) | สิงโตภูเขา | sǐng-dtoh phoo khǎo |
| leopardo (m) de las nieves | เสือดาวหิมะ | sěua daao hì-má |
| lince (m) | แมวป่า | maew bpàa |

| coyote (m) | โคโยตี้ | khoh-yoh-dtêe |
| chacal (m) | หมาจิ้งจอกทอง | mǎa jîng-jòk thorng |
| hiena (f) | ไฮยีนา | hai-yee-naa |

## 136. Los animales salvajes

| animal (m) | สัตว์ | sàt |
| bestia (f) | สัตว์ | sàt |

| ardilla (f) | กระรอก | grà rôk |
| erizo (m) | เมน | mâyn |
| liebre (f) | กระต่ายป่า | grà-dtàai bpàa |
| conejo (m) | กระต่าย | grà-dtàai |

| tejón (m) | แบดเจอร์ | baet-jer |
| mapache (m) | แร็คคูน | ráek khoon |
| hámster (m) | หนูแฮมสเตอร์ | nǒo haem-sà-dtêr |
| marmota (f) | มาร์มอต | maa-môt |

| topo (m) | ตุ่น | dtùn |
| ratón (m) | หนู | nǒo |
| rata (f) | หนู | nǒo |
| murciélago (m) | ค้างคาว | kháang khaao |

| armiño (m) | เออร์มิน | er-min |
| cebellina (f) | เซเบิล | say bern |
| marta (f) | มาร์เทิน | maa thern |
| comadreja (f) | เพียงพอนสีน้ำตาล | phiang phon sěe nám dtaan |
| visón (m) | เพียงพอน | phiang phorn |

| castor (m) | ปีเวอร์ | bee-wer |
| nutria (f) | นาก | nâak |

| caballo (m) | ม้า | máa |
| alce (m) | กวางมูส | gwaang môot |
| ciervo (m) | กวาง | gwaang |
| camello (m) | อูฐ | òot |

| bisonte (m) | วัวป่า | wua bpàa |
| uro (m) | วัวป่าออรอช | wua bpàa or rôt |
| búfalo (m) | ควาย | khwaai |

| cebra (f) | ม้าลาย | máa laai |
| antílope (m) | แอนทีโลป | aen-thi-lòp |
| corzo (m) | กวางโรเดียร์ | gwaang roh-dia |
| gamo (m) | กวางแฟลโลว์ | gwaang flae-loh |
| gamuza (f) | เลียงผา | liang-phǎa |
| jabalí (m) | หมูป่า | mǒo bpàa |

| ballena (f) | วาฬ | waan |
| foca (f) | แมวน้ำ | maew náam |
| morsa (f) | ช้างน้ำ | cháang náam |
| oso (m) marino | แมวน้ำมีขน | maew náam mee khǒn |
| delfín (m) | โลมา | loh-maa |

| oso (m) | หมี | měe |
| oso (m) blanco | หมีขั้วโลก | měe khûa lôhk |
| panda (f) | หมีแพนดา | měe phaen-dâa |

| mono (m) | ลิง | ling |
| chimpancé (m) | ลิงชิมแปนซี | ling chim-bpaen-see |
| orangután (m) | ลิงอุรังอุตัง | ling u-rang-u-dtang |
| gorila (m) | ลิงกอริลลา | ling gor-rin-lâa |
| macaco (m) | ลิงแม็กแคก | ling mâk-khâk |
| gibón (m) | ชะนี | chá-nee |

| elefante (m) | ช้าง | cháang |
| rinoceronte (m) | แรด | râet |
| jirafa (f) | ยีราฟ | yee-râaf |
| hipopótamo (m) | ฮิปโปโปเตมัส | híp-bpoh-bpoh-dtay-mát |

| canguro (m) | จิงโจ้ | jing-jôh |
| koala (f) | หมีโคอาล่า | měe khoh aa lâa |

| mangosta (f) | พังพอน | phang phon |
| chinchilla (f) | คินคิลลา | khin-khin laa |
| mofeta (f) | สกั๊งก์ | sà-gang |
| espín (m) | เมน | mâyn |

## 137. Los animales domésticos

| gata (f) | แมวตัวเมีย | maew dtua mia |
| gato (m) | แมวตัวผู้ | maew dtua phôo |
| perro (m) | สุนัข | sù-nák |

| caballo (m) | ม้า | máa |
| garañón (m) | ม้าตัวผู้ | máa dtua phôo |
| yegua (f) | ม้าตัวเมีย | máa dtua mia |

| vaca (f) | วัว | wua |
| toro (m) | กระทิง | grà-thing |
| buey (m) | วัว | wua |

| oveja (f) | แกะตัวเมีย | gàe dtua mia |
| carnero (m) | แกะตัวผู้ | gàe dtua phôo |
| cabra (f) | แพะตัวเมีย | pháe dtua mia |
| cabrón (m) | แพะตัวผู้ | pháe dtua phôo |

| asno (m) | ลา | laa |
| mulo (m) | ลอ | lôr |

| cerdo (m) | หมู | mǒo |
| cerdito (m) | ลูกหมู | lôok mǒo |
| conejo (m) | กระตาย | grà-dtàai |

| gallina (f) | ไก่ตัวเมีย | gài dtua mia |
| gallo (m) | ไกตัวผู้ | gài dtua phôo |

| pato (m) | เป็ดตัวเมีย | bpèt dtua mia |
| ánade (m) | เป็ดตัวผู้ | bpèt dtua phôo |
| ganso (m) | หาน | hàan |

| pavo (m) | ไก่งวงตัวผู้ | gài nguang dtua phôo |
| pava (f) | ไกงวงตัวเมีย | gài nguang dtua mia |

| animales (m pl) domésticos | สัตว์เลี้ยง | sàt líang |
| domesticado (adj) | เลี้ยง | líang |
| domesticar (vt) | เชือง | chêuang |
| criar (vt) | ขยายพันธุ์ | khà-yǎai phan |

| granja (f) | ฟาร์ม | faam |
| aves (f pl) de corral | สัตว์ปีก | sàt bpèek |
| ganado (m) | วัวควาย | wua khwaai |
| rebaño (m) | ฝูง | fǒong |

| caballeriza (f) | คอกม้า | khôrk máa |
| porqueriza (f) | คอกหมู | khôrk mǒo |
| vaquería (f) | คอกวัว | khôrk wua |
| conejal (m) | คอกกระตาย | khôrk grà-dtàai |
| gallinero (m) | เลาไก | láo gài |

## 138. Los pájaros

| pájaro (m) | นก | nók |
| paloma (f) | นกพิราบ | nók phí-râap |
| gorrión (m) | นกกระจิบ | nók grà-jìp |
| paro (m) | นกติด | nók dtít |
| cotorra (f) | นกสาลิกา | nók sǎa-lí gaa |
| cuervo (m) | นกอีกา | nók ee-gaa |

| corneja (f) | นกกา | nók gaa |
| chova (f) | นกจำพวกกา | nók jam phûak gaa |
| grajo (m) | นกการูด | nók gaa róok |
| | | |
| pato (m) | เป็ด | bpèt |
| ganso (m) | ห่าน | hàan |
| faisán (m) | ไก่ฟ้า | gài fáa |
| | | |
| águila (f) | นกอินทรี | nók in-see |
| azor (m) | นกเหยี่ยว | nók yìeow |
| halcón (m) | นกเหยี่ยว | nók yìeow |
| buitre (m) | นกแร้ง | nók ráeng |
| cóndor (m) | นกแร้งขนาดใหญ่ | nók ráeng kà-nàat yài |
| | | |
| cisne (m) | นกหงส์ | nók hŏng |
| grulla (f) | นกกระเรียน | nók grà rian |
| cigüeña (f) | นกกระสา | nók grà-săa |
| | | |
| loro (m), papagayo (m) | นกแก้ว | nók gâew |
| colibrí (m) | นกฮัมมิ่งเบิร์ด | nók ham-mîng-bèrt |
| pavo (m) real | นกยูง | nók yoong |
| | | |
| avestruz (m) | นกกระจอกเทศ | nók grà-jòrk-thâyt |
| garza (f) | นกยาง | nók yaang |
| flamenco (m) | นกฟลามิงโก | nók flaa-ming-goh |
| pelícano (m) | นกกระทุง | nók-grà-thung |
| | | |
| ruiseñor (m) | นกไนติงเกล | nók-nai-dting-gayn |
| golondrina (f) | นกนางแอ่น | nók naang-àen |
| | | |
| tordo (m) | นกเดินดง | nók dern dong |
| zorzal (m) | นกเดินดงร้องเพลง | nók dern dong rórng phlayng |
| mirlo (m) | นกเดินดงสีดำ | nók-dern-dong sĕe dam |
| | | |
| vencejo (m) | นกแอ่น | nók àen |
| alondra (f) | นกลาร์ค | nók lâak |
| codorniz (f) | นกคุ่ม | nók khûm |
| | | |
| pico (m) | นกหัวขวาน | nók hŭa khwăn |
| cuco (m) | นกดุเหว่า | nók dù hăy wâa |
| lechuza (f) | นกฮูก | nók hôok |
| búho (m) | นกเค้าใหญ่ | nók kháo yài |
| urogallo (m) | ไก่ป่า | gài bpàa |
| gallo lira (m) | ไก่ดำ | gài dam |
| perdiz (f) | นกกระทา | nók-grà-thaa |
| | | |
| estornino (m) | นกกิ้งโครง | nók-gîng-khrohng |
| canario (m) | นกขุนมิ่น | nók khà-mîn |
| ortega (f) | ไก่น้ำตาล | gài nám dtaan |
| | | |
| pinzón (m) | นกจาบ | nók-jàap |
| camachuelo (m) | นกบูลฟินช์ | nók boon-fin |
| | | |
| gaviota (f) | นกนางนวล | nók naang-nuan |
| albatros (m) | นกอัลบาทรอส | nók an-baa-thrôt |
| pingüino (m) | นกเพนกวิน | nók phayn-gwin |

## 139. Los peces. Los animales marinos

| | | |
|---|---|---|
| brema (f) | ปลาบรีม | bplaa bpreem |
| carpa (f) | ปลาคาร์ป | bplaa khâap |
| perca (f) | ปลาเพิร์ช | bplaa phêrt |
| siluro (m) | ปลาดุก | bplaa-dùk |
| lucio (m) | ปลาไพค์ | bplaa phai |
| | | |
| salmón (m) | ปลาแซลมอน | bplaa saen-morn |
| esturión (m) | ปลาสเตอรเจียน | bpláa sà-dtêr jian |
| | | |
| arenque (m) | ปลาเฮอร์ริง | bplaa her-ring |
| salmón (m) del Atlántico | ปลาแซลมอนแอตแลนติก | bplaa saen-mon àet-laen-dtìk |
| caballa (f) | ปลาซาบะ | bplaa saa-bà |
| lenguado (m) | ปลาลิ้นหมา | bplaa lín-măa |
| | | |
| lucioperca (m) | ปลาไพค์เพิร์ช | bplaa phái phert |
| bacalao (m) | ปลาค็อด | bplaa khót |
| atún (m) | ปลาทูนา | bplaa thoo-nâa |
| trucha (f) | ปลาเทราท์ | bplaa thrau |
| | | |
| anguila (f) | ปลาไหล | bplaa lăi |
| tembladera (f) | ปลากระเบนไฟฟ้า | bplaa grà-bayn-fai-fáa |
| morena (f) | ปลาไหลมอเรย์ | bplaa lăi mor-ray |
| piraña (f) | ปลาปิรันยา | bplaa bpì-ran-yâa |
| | | |
| tiburón (m) | ปลาฉลาม | bplaa chà-lăam |
| delfín (m) | โลมา | loh-maa |
| ballena (f) | วาฬ | waan |
| | | |
| centolla (f) | ปู | bpoo |
| medusa (f) | แมงกะพรุน | maeng gà-phrun |
| pulpo (m) | ปลาหมึก | bplaa mèuk |
| | | |
| estrella (f) de mar | ปลาดาว | bplaa daao |
| erizo (m) de mar | หอยเม่น | hŏi mâyn |
| caballito (m) de mar | ม้าน้ำ | máa nám |
| | | |
| ostra (f) | หอยนางรม | hŏi naang rom |
| camarón (m) | กุ้ง | gûng |
| bogavante (m) | กุ้งมังกร | gûng mang-gon |
| langosta (f) | กุ้งมังกร | gûng mang-gon |

## 140. Los anfibios. Los reptiles

| | | |
|---|---|---|
| serpiente (f) | งู | ngoo |
| venenoso (adj) | พิษ | phít |
| víbora (f) | งูแมวเซา | ngoo maew sao |
| cobra (f) | งูเห่า | ngoo hào |
| pitón (m) | งูเหลือม | ngoo lĕuam |
| boa (f) | งูโบอา | ngoo boh-aa |
| culebra (f) | งูเล็กที่ไม่เป็น | ngoo lék thêe mâi bpen |
| | อันตราย | an-dtà-raai |

| serpiente (m) de cascabel | งูหางกระดิ่ง | ngoo hǎang grà-dìng |
| anaconda (f) | งูอนาคอนดา | ngoo a -naa-khon-daa |

| lagarto (f) | กิ้งก่า | gîng-gàa |
| iguana (f) | อีกัวนา | ee gua naa |
| varano (m) | กิ้งกามอนิเตอร์ | gîng-gàa mor-ní-dtêr |
| salamandra (f) | ซาลาแมนเดอร์ | saa-laa-maen-dêr |
| camaleón (m) | กิ้งกาคามิเลียน | gîng-gàa khaa-mí-lian |
| escorpión (m) | แมงป่อง | maeng bpòrng |

| tortuga (f) | เต่า | dtào |
| rana (f) | กบ | gòp |
| sapo (m) | คางคก | khaang-kók |
| cocodrilo (m) | จระเข้ | jor-rá-khây |

## 141. Los insectos

| insecto (m) | แมลง | má-laeng |
| mariposa (f) | ผีเสื้อ | phěe sêua |
| hormiga (f) | มด | mót |
| mosca (f) | แมลงวัน | má-laeng wan |
| mosquito (m) (picadura de ~) | ยุง | yung |
| escarabajo (m) | แมลงปีกแข็ง | má-laeng bpèek khǎeng |

| avispa (f) | ต่อ | dtòr |
| abeja (f) | ผึ้ง | phêung |
| abejorro (m) | ผึ้งบัมเบิลบี | phêung bam-bern bee |
| moscardón (m) | เหลือบ | lèuap |

| araña (f) | แมงมุม | maeng mum |
| telaraña (f) | ใยแมงมุม | yai maeng mum |

| libélula (f) | แมลงปอ | má-laeng bpor |
| saltamontes (m) | ตั๊กแตน | dták-gà-dtaen |
| mariposa (f) nocturna | ผีเสื้อกลางคืน | phěe sêua glaang kheun |

| cucaracha (f) | แมลงสาบ | má-laeng sàap |
| garrapata (f) | เห็บ | hèp |
| pulga (f) | หมัด | màt |
| mosca (f) negra | ริ้น | rín |

| langosta (f) | ตั๊กแตน | dták-gà-dtaen |
| caracol (m) | หอยทาก | hǒi thâak |
| grillo (m) | จิ้งหรีด | jîng-rèet |
| luciérnaga (f) | หิ่งห้อย | hìng-hôi |
| mariquita (f) | แมลงเต่าทอง | má-laeng dtào thorng |
| escarabajo (m) sanjuanero | แมงอีนูน | maeng ee noon |

| sanguijuela (f) | ปลิง | bpling |
| oruga (f) | บุ้ง | bûng |
| gusano (m) | ไส้เดือน | sâi deuan |
| larva (f) | ตัวอ่อน | dtua òrn |

# La flora

## 142. Los árboles

| | | |
|---|---|---|
| árbol (m) | ต้นไม้ | dtôn máai |
| foliáceo (adj) | ผลัดใบ | phlàt bai |
| conífero (adj) | สน | sǒn |
| de hoja perenne | ซึ่งเขียวชอุ่ม | sêung khǐeow chá-ùm |
| | ตลอดปี | dtà-lòrt bpee |
| manzano (m) | ต้นแอปเปิ้ล | dtôn àep-bpêrn |
| peral (m) | ต้นแพร | dtôn phae |
| cerezo (m) | ต้นเชอร์รี่ป่า | dtôn cher-rêe bpàa |
| guindo (m) | ต้นเชอร์รี่ | dtôn cher-rêe |
| ciruelo (m) | ตนพลัม | dtôn phlam |
| abedul (m) | ต้นเบิร์ช | dtôn bèrt |
| roble (m) | ต้นโอ๊ค | dtôn óhk |
| tilo (m) | ต้นไม้ดอกเหลือง | dtôn máai dòrk lěuang |
| pobo (m) | ต้นแอสเพน | dtôn ae sà-phayn |
| arce (m) | ตนเมเปิ้ล | dtôn may bpêrn |
| picea (m) | ต้นเฟอร์ | dtôn fer |
| pino (m) | ต้นเกี๊ยะ | dtôn gía |
| alerce (m) | ตนลารช | dtôn lâat |
| abeto (m) | ต้นเฟอร์ | dtôn fer |
| cedro (m) | ตนซีดาร | dtôn-see-daa |
| álamo (m) | ต้นปอปลาร์ | dtôn bpor-bplaa |
| serbal (m) | ตนโรแวน | dtôn-roh-waen |
| sauce (m) | ต้นวิลโลว์ | dtôn win-loh |
| aliso (m) | ตนอัลเดอร์ | dtôn an-dêr |
| haya (f) | ต้นบีช | dtôn bèet |
| olmo (m) | ตนเอลม | dtôn elm |
| fresno (m) | ต้นแอช | dtôn aesh |
| castaño (m) | ตนเกาลัด | dtôn gao lát |
| magnolia (f) | ต้นแมกโนเลีย | dtôn mâek-noh-lia |
| palmera (f) | ต้นปาลม | dtôn bpaam |
| ciprés (m) | ตนไซเปรส | dtôn-sai-bpràyt |
| mangle (m) | ต้นโกงกาง | dtôn gohng gaang |
| baobab (m) | ต้นเบาบับ | dtôn bao-bàp |
| eucalipto (m) | ต้นยูคาลิปตัส | dtôn yoo-khaa-líp-dtàt |
| secoya (f) | ตนสนซีค้วยา | dtôn sǒn see kua yaa |

## 143. Los arbustos

| | | |
|---|---|---|
| mata (f) | พุ่มไม้ | phûm máai |
| arbusto (m) | ตันไม้พุ่ม | dtôn máai phûm |
| vid (f) | ต้นองุ่น | dtôn a-ngùn |
| viñedo (m) | ไร่องุ่น | râi a-ngùn |
| frambueso (m) | พุ่มราสเบอร์รี่ | phûm râat-ber-rêe |
| grosella (f) negra | พุมแบล็คเคอร์แรนท์ | phûm blàek-khêr-raen |
| grosellero (f) rojo | พุมเรดเคอรุแรนท์ | phûm râyt-khêr-raen |
| grosellero (m) espinoso | พุมกูสเบอร์รี่ | phûm gòot-ber-rêe |
| acacia (f) | ต้นอาเคเซีย | dtôn aa-khay-chia |
| berberís (m) | ตนบาร์เบอร์รี่ | dtôn baa-ber-rêe |
| jazmín (m) | มะลิ | má-lí |
| enebro (m) | ต้นจูนิเปอร์ | dtôn joo-ní-bper |
| rosal (m) | พุมกุหลาบ | phûm gù làap |
| escaramujo (m) | พุมด็อกโรส | phûm dòrk-rôht |

## 144. Las frutas. Las bayas

| | | |
|---|---|---|
| fruto (m) | ผลไม้ | phǒn-lá-máai |
| frutos (m pl) | ผลไม | phǒn-lá-máai |
| manzana (f) | แอปเปิ้ล | àep-bpêrn |
| pera (f) | ลูกแพร | lôok phae |
| ciruela (f) | พลัม | phlam |
| fresa (f) | สตรอว์เบอร์รี่ | sà-dtror-ber-rêe |
| guinda (f) | เชอร์รี่ | cher-rêe |
| cereza (f) | เชอร์รี่ป่า | cher-rêe bpàa |
| uva (f) | องุน | a-ngùn |
| frambuesa (f) | ราสเบอร์รี่ | râat-ber-rêe |
| grosella (f) negra | แบล็คเคอร์แรนท์ | blàek khêr-raen |
| grosella (f) roja | เรดเคอร์แรนท | râyt-khêr-raen |
| grosella (f) espinosa | กูสเบอร์รี่ | gòot-ber-rêe |
| arándano (m) agrio | แครนเบอร์รี่ | khraen-ber-rêe |
| naranja (f) | ส้ม | sôm |
| mandarina (f) | สมแมนดาริน | sôm maen daa rin |
| ananás (m) | สับปะรด | sàp-bpà-rót |
| banana (f) | กล้วย | glûay |
| dátil (m) | อินทผลัม | in-thá-phâ-lam |
| limón (m) | เลมอน | lay-mon |
| albaricoque (m) | แอปูริคอท | ae-bprì-khôrt |
| melocotón (m) | ลูกทอ | lôok thór |
| kiwi (m) | กีวี | gee wee |
| pomelo (m) | สมโอ | sôm oh |
| baya (f) | เบอร์รี่ | ber-rêe |

| | | |
|---|---|---|
| bayas (f pl) | เบอร์รี่ | ber-rêe |
| arándano (m) rojo | คาวเบอร์รี่ | khaao-ber-rêe |
| fresa (f) silvestre | สตรอวเบอร์รี่ป่า | sá-dtrorw ber-rêe bpàa |
| arándano (m) | บิลเบอร์รี่ | bil-ber-rêe |

## 145. Las flores. Las plantas

| | | |
|---|---|---|
| flor (f) | ดอกไม้ | dòrk máai |
| ramo (m) de flores | ช่อดอกไม้ | chôr dòrk máai |
| | | |
| rosa (f) | ดอกกุหลาบ | dòrk gù làap |
| tulipán (m) | ดอกทิวลิป | dòrk thiw-líp |
| clavel (m) | ดอกคาร์เนชั่น | dòrk khaa-nay-chân |
| gladiolo (m) | ดอกแกลดิโอลัส | dòrk gaen-dì-oh-lát |
| | | |
| aciano (m) | ดอกคอร์นฟลาวเวอร์ | dòrk khon-flaao-wer |
| campanilla (f) | ดอกระฆัง | dòrk rá-khang |
| diente (m) de león | ดอกแดนดิไลออน | dòrk daen-dì-lai-on |
| manzanilla (f) | ดอกคาโมมายล์ | dòrk khaa-moh maai |
| | | |
| áloe (m) | ว่านหางจระเข้ | wâan-hăang-jor-rá-khây |
| cacto (m) | ตะบองเพชร | dtà-bong-phét |
| ficus (m) | ต้นเลียบ | dtôn lîap |
| | | |
| azucena (f) | ดอกลิลลี่ | dòrk lí-lêe |
| geranio (m) | ดอกเจอราเนียม | dòrk jer-raa-niam |
| jacinto (m) | ดอกไฮอะซินท์ | dòrk hai-a-sin |
| | | |
| mimosa (f) | ดอกไมยราบ | dòrk mai râap |
| narciso (m) | ดอกนาร์ซิสซัส | dòrk naa-sít-sát |
| capuchina (f) | ดอกแนสเตอรชัม | dòrk nâet-dtêr-cham |
| | | |
| orquídea (f) | ดอกกล้วยไม้ | dòrk glûay máai |
| peonía (f) | ดอกโบตั๋น | dòrk boh-dtăn |
| violeta (f) | ดอกไวโอเล็ต | dòrk wai-oh-lét |
| | | |
| trinitaria (f) | ดอกแพนซี | dòrk phaen-see |
| nomeolvides (f) | ดอกฟอรเก็ตมีน็อต | dòrk for-gèt-mee-nót |
| margarita (f) | ดอกเดซี | dòrk day see |
| | | |
| amapola (f) | ดอกป๊อปปี้ | dòrk bpóp-bpêe |
| cáñamo (m) | กัญชา | gan chaa |
| menta (f) | สะระแหน่ | sà-rá-nàe |
| | | |
| muguete (m) | ดอกลิลลี่แห่งหุบเขา | dòrk lí-lá-lêe hàeng hùp khăo |
| campanilla (f) de las nieves | ดอกหยาดหิมะ | dòrk yàat hì-má |
| | | |
| ortiga (f) | ตำแย | dtam-yae |
| acedera (f) | ซอรเรล | sor-rayn |
| nenúfar (m) | บัว | bua |
| helecho (m) | เฟิร์น | fern |
| liquen (m) | ไลเคน | lai-khayn |
| invernadero (m) tropical | เรือนกระจก | reuan grà-jòk |
| césped (m) | สนามหญ้า | sà-năam yâa |

| | | |
|---|---|---|
| macizo (m) de flores | สนามดอกไม้ | sà-nǎam-dòrk-máai |
| planta (f) | พืช | phêut |
| hierba (f) | หญ้า | yâa |
| hoja (f) de hierba | ใบหญ้า | bai yâa |
| | | |
| hoja (f) | ใบไม้ | bai máai |
| pétalo (m) | กลีบดอก | glèep dòrk |
| tallo (m) | ลำตน | lam dtôn |
| tubérculo (m) | หัวใตดิน | hǔa dtâi din |
| | | |
| retoño (m) | ต้นอ่อน | dtôn òrn |
| espina (f) | หนาม | nǎam |
| | | |
| florecer (vi) | บาน | baan |
| marchitarse (vr) | เหี่ยว | hìeow |
| olor (m) | กลิ่น | glìn |
| cortar (vt) | ตัด | dtàt |
| coger (una flor) | เด็ด | dèt |

## 146. Los cereales, los granos

| | | |
|---|---|---|
| grano (m) | เมล็ด | má-lét |
| cereales (m pl) (plantas) | ธัญพืช | than-yá-phêut |
| espiga (f) | รวงขาว | ruang khâao |
| | | |
| trigo (m) | ข้าวสาลี | khâao sǎa-lee |
| centeno (m) | ขาวไรย | khâao rai |
| avena (f) | ขาวโอต | khâao óht |
| mijo (m) | ขาวฟาง | khâao fâang |
| cebada (f) | ขาวบารเลย | khâao baa-lây |
| | | |
| maíz (m) | ข้าวโพด | khâao-phôht |
| arroz (m) | ขาว | khâao |
| alforfón (m) | บัควีท | bàk-wêet |
| | | |
| guisante (m) | ถั่วลันเตา | thùa-lan-dtao |
| fréjol (m) | ถั่วรูปไต | thùa rôop dtai |
| soya (f) | ถั่วเหลือง | thùa lěuang |
| lenteja (f) | ถั่วเลนทิล | thùa layn thin |
| habas (f pl) | ถั่ว | thùa |

# LOS PAÍSES. LAS NACIONALIDADES

## 147. Europa occidental

| | | |
|---|---|---|
| Europa (f) | ยุโรป | yú-ròhp |
| Unión (f) Europea | สหภาพยุโรป | sà-hà phâap yú-rôhp |
| Austria (f) | ประเทศออสเตรีย | bprà-thâyt òt-dtria |
| Gran Bretaña (f) | บริเตนใหญ่ | brì-dtayn yài |
| Inglaterra (f) | ประเทศอังกฤษ | bprà-thâyt ang-grìt |
| Bélgica (f) | ประเทศเบลเยียม | bprà-thâyt bayn-yiam |
| Alemania (f) | ประเทศเยอรมนี | bprà-thâyt yer-rá-ma-nee |
| Países Bajos (m pl) | ประเทศเนเธอร์แลนด์ | bprà-thâyt nay-ther-laen |
| Holanda (f) | ประเทศฮอลแลนด | bprà-thâyt hon-laen |
| Grecia (f) | ประเทศกรีซ | bprà-thâyt grèet |
| Dinamarca (f) | ประเทศเดนมาร์ก | bprà-thâyt dayn-màak |
| Irlanda (f) | ประเทศไอร์แลนด์ | bprà-thâyt ai-laen |
| Islandia (f) | ประเทศไอซ์แลนด์ | bprà-thâyt ai-laen |
| España (f) | ประเทศสเปน | bprà-thâyt sà-bpayn |
| Italia (f) | ประเทศอิตาลี | bprà-thâyt i-dtaa-lee |
| Chipre (m) | ประเทศไซปรัส | bprà-thâyt sai-bpràt |
| Malta (f) | ประเทศมอลตา | bprà-thâyt mon-dtaa |
| Noruega (f) | ประเทศนอร์เวย์ | bprà-thâyt nor-way |
| Portugal (f) | ประเทศโปรตุเกส | bprà-thâyt bproh-dtù-gàyt |
| Finlandia (f) | ประเทศฟินแลนด์ | bprà-thâyt fin-laen |
| Francia (f) | ประเทศฝรั่งเศส | bprà-thâyt fà-ràng-sàyt |
| Suecia (f) | ประเทศสวีเดน | bprà-thâyt sà-wĕe-dayn |
| Suiza (f) | ประเทศสวิตเซอร์แลนด์ | bprà-thâyt sà-wìt-sêr-laen |
| Escocia (f) | ประเทศสก็อตแลนด | bprà-thâyt sà-gòt-laen |
| Vaticano (m) | นครรัฐวาติกัน | ná-khon rát waa-dtì-gan |
| Liechtenstein (m) | ประเทศลิกเตนสไตน์ | bprà-thâyt lík-tay-ná-sà-dtai |
| Luxemburgo (m) | ประเทศลักเซมเบิรก | bprà-thâyt lák-saym-bèrk |
| Mónaco (m) | ประเทศโมนาโก | bprà-thâyt moh-naa-goh |

## 148. Europa central y oriental

| | | |
|---|---|---|
| Albania (f) | ประเทศแอลเบเนีย | bprà-thâyt aen-bay-nia |
| Bulgaria (f) | ประเทศบัลแกเรีย | bprà-thâyt ban-gae-ria |
| Hungría (f) | ประเทศฮังการี | bprà-thâyt hang-gaa-ree |
| Letonia (f) | ประเทศลัตเวีย | bprà-thâyt lát-wia |
| Lituania (f) | ประเทศลิทัวเนีย | bprà-thâyt lí-thua-nia |
| Polonia (f) | ประเทศโปแลนด | bprà-thâyt bpoh-laen |

| Rumania (f) | ประเทศโรมาเนีย | bprà-thâyt roh-maa-nia |
| Serbia (f) | ประเทศเซอร์เบีย | bprà-thâyt sêr-bia |
| Eslovaquia (f) | ประเทศสโลวาเกีย | bprà-thâyt sà-loh-waa-gia |

| Croacia (f) | ประเทศโครเอเชีย | bprà-thâyt khroh-ay-chia |
| Chequia (f) | ประเทศเช็กเกีย | bprà-thâyt chék-gia |
| Estonia (f) | ประเทศเอสโตเนีย | bprà-thâyt àyt-dtoh-nia |

| Bosnia y Herzegovina | ประเทศบอสเนีย และเฮอร์เซโกวินา | bprà-thâyt bòt-nia láe her-say-goh-wí-naa |
| Macedonia | ประเทศมาซิโดเนีย | bprà-thâyt maa-sí-doh-nia |
| Eslovenia | ประเทศสโลวีเนีย | bprà-thâyt sà-loh-wee-nia |
| Montenegro (m) | ประเทศ มอนเตเนโกร | bprà-thâyt mon-dtay-nay-groh |

## 149. Los países de la antes Unión Soviética

| Azerbaidzhán (m) | ประเทศอาเซอร์ไบจาน | bprà-thâyt aa-sêr-bai-jaan |
| Armenia (f) | ประเทศอาร์เมเนีย | bprà-thâyt aa-may-nia |

| Bielorrusia (f) | ประเทศเบลารุส | bprà-thâyt blao-rút |
| Georgia (f) | ประเทศจอร์เจีย | bprà-thâyt jor-jia |
| Kazajstán (m) | ประเทศคาซัคสถาน | bprà-thâyt khaa-sák-sà-thǎan |
| Kirguizistán (m) | ประเทศ คีร์กีซสถาน | bprà-thâyt khee-gèet--à-thǎan |
| Moldavia (f) | ประเทศมอลโดวา | bprà-thâyt mon-doh-waa |

| Rusia (f) | ประเทศรัสเซีย | bprà-thâyt rát-sia |
| Ucrania (f) | ประเทศยูเครน | bprà-thâyt yoo-khrayn |

| Tayikistán (m) | ประเทศทาจิกิสถาน | bprà-thâyt thaa-jì-gìt-thǎan |
| Turkmenia (f) | ประเทศ เติร์กเมนิสถาน | bprà-thâyt dtèrk-may-nít-thǎan |
| Uzbekistán (m) | ประเทศอุซเบกิสถาน | bprà-thâyt ùt-bay-gìt-thǎan |

## 150. Asia

| Asia (f) | เอเชีย | ay-chia |
| Vietnam (m) | ประเทศเวียดนาม | bprà-thâyt wîat-naam |
| India (f) | ประเทศอินเดีย | bprà-thâyt in-dia |
| Israel (m) | ประเทศอิสราเอล | bprà-thâyt ìt-sà-rǎa-ayn |

| China (f) | ประเทศจีน | bprà-thâyt jeen |
| Líbano (m) | ประเทศเลบานอน | bprà-thâyt lay-baa-non |
| Mongolia (f) | ประเทศมองโกเลีย | bprà-thâyt mong-goh-lia |

| Malasia (f) | ประเทศมาเลเซีย | bprà-thâyt maa-lay-sia |
| Pakistán (m) | ประเทศปากีสถาน | bprà-thâyt bpaa-gèet-thǎan |

| Arabia (f) Saudita | ประเทศ ซาอุดิอาระเบีย | bprà-thâyt saa-u-dì aa-ra--bia |
| Tailandia (f) | ประเทศไทย | bprà-tâyt thai |

| Taiwán (m) | ไต้หวัน | dtâi-wǎn |
| Turquía (f) | ประเทศตุรกี | bprà-thâyt dtù-rá-gee |
| Japón (m) | ประเทศญี่ปุ่น | bprà-thâyt yêe-bpùn |

| Afganistán (m) | ประเทศอัฟกานิสถาน | bprà-thâyt àf-gaa-nít-thǎan |
| Bangladesh (m) | ประเทศบังคลาเทศ | bprà-thâyt bang-khlaa-thâyt |
| Indonesia (f) | ประเทศอินโดนีเซีย | bprà-thâyt in-doh-nee-sia |
| Jordania (f) | ประเทศจอรแดน | bprà-thâyt jor-daen |

| Irak (m) | ประเทศอิรัก | bprà-thâyt i-rák |
| Irán (m) | ประเทศอิหราน | bprà-thâyt i-ràan |
| Camboya (f) | ประเทศกัมพูชา | bprà-thâyt gam-phoo-chaa |
| Kuwait (m) | ประเทศคูเวต | bprà-thâyt khoo-wâyt |

| Laos (m) | ประเทศลาว | bprà-thâyt laao |
| Myanmar (m) | ประเทศเมียนมาร์ | bprà-thâyt mian-maa |
| Nepal (m) | ประเทศเนปาล | bprà-thâyt nay-bpaan |
| Emiratos (m pl) Árabes Unidos | สหรัฐอาหรับเอมิเรตส์ | sà-hà-rát aa-ràp ay-mí-râyt |

| Siria (f) | ประเทศซีเรีย | bprà-thâyt see-ria |
| Palestina (f) | ปาเลสไตน์ | bpaa-lâyt-dtai |
| Corea (f) del Sur | เกาหลีใต้ | gao-lěe dtâi |
| Corea (f) del Norte | เกาหลีเหนือ | gao-lěe něua |

## 151. América del Norte

| Estados Unidos de América (m pl) | สหรัฐอเมริกา | sà-hà-rát a-may-rí-gaa |
| Canadá (f) | ประเทศแคนาดา | bprà-thâyt khae-naa-daa |
| Méjico (m) | ประเทศเม็กซิโก | bprà-thâyt mék-sí-goh |

## 152. Centroamérica y Sudamérica

| Argentina (f) | ประเทศอาร์เจนตินา | bprà-thâyt aa-jayn-dtì-naa |
| Brasil (f) | ประเทศบราซิล | bprà-thâyt braa-sin |
| Colombia (f) | ประเทศโคลัมเบีย | bprà-thâyt khoh-lam-bia |
| Cuba (f) | ประเทศคิวบา | bprà-thâyt khiw-baa |
| Chile (m) | ประเทศชิลี | bprà-thâyt chí-lee |

| Bolivia (f) | ประเทศโบลิเวีย | bprà-thâyt boh-lí-wia |
| Venezuela (f) | ประเทศเวเนซุเอลา | bprà-thâyt way-nay-sú-ay-laa |
| Paraguay (m) | ประเทศปารากวัย | bprà-thâyt bpaa-raa-gwai |
| Perú (m) | ประเทศเปรู | bprà-thâyt bpay-roo |

| Surinam (m) | ประเทศซูรินาม | bprà-thâyt soo-rí-naam |
| Uruguay (m) | ประเทศอุรุกวัย | bprà-thâyt u-rúk-wai |
| Ecuador (m) | ประเทศเอกวาดอร์ | bprà-thâyt ay-gwaa-dor |

| Islas (f pl) Bahamas | ประเทศบาฮามาส | bprà-thâyt baa-haa-mâat |
| Haití (m) | ประเทศเฮติ | bprà-thâyt hay-dtì |
| República (f) Dominicana | สาธารณรัฐโดมินิกัน | sǎa-thaa-rá-ná rát doh-mí-ní-gan |

| Panamá (f) | ประเทศปานามา | bprà-thâyt bpaa-naa-maa |
| Jamaica (f) | ประเทศจาเมกา | bprà-thâyt jaa-may-gaa |

## 153. África

| Egipto (m) | ประเทศอียิปต์ | bprà-thâyt bprà-thâyt ee-yíp |
| Marruecos (m) | ประเทศมอร็อคโค | bprà-thâyt mor-rók-khoh |
| Túnez (m) | ประเทศตูนิเซีย | bprà-thâyt dtoo-ní-sia |
| Ghana (f) | ประเทศกานา | bprà-thâyt gaa-naa |
| Zanzíbar (m) | ประเทศแซนซิบาร์ | bprà-thâyt saen-sí-baa |
| Kenia (f) | ประเทศเคนยา | bprà-thâyt khayn-yâa |
| Libia (f) | ประเทศลิเบีย | bprà-thâyt lí-bia |
| Madagascar (m) | ประเทศมาดากัสการ์ | bprà-thâyt maa-daa-gàt-gaa |
| Namibia (f) | ประเทศนามิเบีย | bprà-thâyt naa-mí-bia |
| Senegal | ประเทศเซเนกัล | bprà-thâyt say-nay-gan |
| Tanzania (f) | ประเทศแทนซาเนีย | bprà-thâyt thaen-saa-nia |
| República (f) Sudafricana | ประเทศแอฟริกาใต้ | bprà-thâyt àef-rí-gaa dtâi |

## 154. Australia. Oceanía

| Australia (f) | ประเทศออสเตรเลีย | bprà-thâyt òt-dtray-lia |
| Nueva Zelanda (f) | ประเทศนิวซีแลนด์ | bprà-thâyt niw-see-laen |
| Tasmania (f) | ประเทศแทสเมเนีย | bprà-thâyt thâet-may-nia |
| Polinesia (f) Francesa | เฟรนช์โปลินีเซีย | frayn-bpoh-lí-nee-sia |

## 155. Las ciudades

| Ámsterdam | อัมสเตอร์ดัม | am-sà-dtêr-dam |
| Ankara | อังคารา | ang-khaa-raa |
| Atenas | เอเธนส์ | ay-thayn |
| Bagdad | แบกแดด | bàek-dàet |
| Bangkok | กรุงเทพฯ | grung thâyp |
| Barcelona | บาร์เซโลนา | baa-say-loh-naa |
| Beirut | เบรุต | bay-rút |
| Berlín | เบอร์ลิน | ber-lin |
| Bombay | มุมไบ | mum-bai |
| Bonn | บอนน์ | bon |
| Bratislava | บราติสลาวา | braa-dtìt-laa-waa |
| Bruselas | บรัสเซล | bràt-sayn |
| Bucarest | บูคาเรสต์ | boo-khaa-râyt |
| Budapest | บูดาเปส | boo-daa-bpàyt |
| Burdeos | บอร์โด | bor doh |
| El Cairo | ไคโร | khai-roh |
| Calcuta | คัลคัตตา | khan-khát-dtaa |

| | | |
|---|---|---|
| Chicago | ชิคาโก | chí-khaa-goh |
| Copenhague | โคเปนเฮเกน | khoh-bpayn-hay-gayn |
| | | |
| Dar-es-Salam | ดาร์เอสซาลาม | daa àyt saa laam |
| Delhi | เดลี | day-lee |
| Dubai | ดูไบ | doo-bai |
| Dublín | ดับลิน | dàp-lin |
| Dusseldorf | ดุสเซลดอร์ฟ | dùt-sayn-dòf |
| | | |
| Estambul | อิสตันบูล | ìt-dtan-boon |
| Estocolmo | สต็อกโฮลม | sà-dtòk-hohm |
| Florencia | ฟลอเรนซ์ | flor-rayn |
| Fráncfort del Meno | แฟรงค์เฟิร์ท | fraeng-fêrt |
| Ginebra | เจนีวา | jay-nee-waa |
| | | |
| La Habana | ฮาวานา | haa waa-naa |
| Hamburgo | แฮมเบิร์ก | haem-bèrk |
| Hanói | ฮานอย | haa-noi |
| La Haya | เดอะเฮก | dùh hêyk |
| Helsinki | เฮลซิงกิ | hayn-sing-gì |
| Hiroshima | ฮิโรชิมา | hí-roh-chí-mâa |
| Hong Kong (m) | ฮองกง | hôrng-gong |
| | | |
| Jerusalén | เยรูซาเลม | yay-roo-saa-laym |
| Kiev | เคียฟ | khîaf |
| Kuala Lumpur | กัวลาลัมเปอร์ | gua-laa lam-bper |
| | | |
| Lisboa | ลิสบอน | lít-bon |
| Londres | ลอนดอน | lon-don |
| Los Ángeles | ลอสแองเจลิส | lôt-aeng-jay-lít |
| Lyon | ลียง | lee-yong |
| | | |
| Madrid | มาดริด | maa-drìt |
| Marsella | มารกเซย | màak-soie |
| Méjico | เม็กซิโกซิตี้ | mék-sí-goh sí-dtêe |
| Miami | ไมอามี่ | mai-aa-mêe |
| Montreal | มอนทรีออล | mon-three-on |
| Moscú | มอสโกว | mor-sà-goh |
| Munich | มิวนิค | miw-ník |
| | | |
| Nairobi | ไนโรบี | nai-roh-bee |
| Nápoles | เนเปิลส์ | nay-bpern |
| Niza | นิช | nít |
| Nueva York | นิวยอร์ค | niw-yôk |
| | | |
| Oslo | ออสโล | òrt-loh |
| Ottawa | อ็อตตาวา | òt-dtaa-waa |
| París | ปารีส | bpaa-rêet |
| Pekín | ปักกิ่ง | bpàk-gìng |
| Praga | ปราก | bpràak |
| | | |
| Río de Janeiro | ริโอเอจาเนโร | rí-oh-ay jaa-nay-roh |
| Roma | โรม | rohm |
| San Petersburgo | เซนต์ปีเตอร์สเบิร์ก | sayn bpì-dtèrt-bèrk |
| Seúl | โซล | sohn |
| Shanghái | เซี่ยงไฮ้ | sîang-hái |

| | | |
|---|---|---|
| Singapur | สิงคโปร์ | sǐng-khá-bpoh |
| Sydney | ซิดนีย์ | sít-nee |
| | | |
| Taipei | ไทเป | thai-bpay |
| Tokio | โตเกียว | dtoh-gieow |
| Toronto | โตรอนโต | dtoh-ron-dtoh |
| Varsovia | วอรซอว | wor-sor |
| Venecia | เวนิส | way-nít |
| Viena | เวียนนา | wian-naa |
| Washington | วอชิงตัน | wor ching dtan |